锦绣流光

黄能馥口述史

黄能馥 口述
张倩彬 全根先 访问整理

图书在版编目(CIP)数据

锦绣流光：黄能馥口述史/黄能馥口述；张倩彬，全根先访问整理. —北京：商务印书馆，2018
ISBN 978-7-100-16688-1

Ⅰ.①锦… Ⅱ.①黄…②张…③全… Ⅲ.①黄能馥—自传 Ⅳ.①K825.4

中国版本图书馆CIP数据核字（2018）第228534号

权利保留，侵权必究。

锦绣流光
——黄能馥口述史
黄能馥 口述
张倩彬 全根先 访问整理

商 务 印 书 馆 出 版
（北京王府井大街36号 邮政编码100710）
商 务 印 书 馆 发 行
北 京 冠 中 印 刷 厂 印 刷
ISBN 978-7-100-16688-1

2018年11月第1版　　　开本 787×1092 1/16
2018年11月北京第1次印刷　印张 13 1/4　插页 9
定价：38.00元

2004年，黄能馥留影

夫人陈娟娟

1975年，黄能馥夫妇在故宫御花园合影

1984年，陈娟娟与恩师沈从文一起工作

2009年,与恩师张仃(左)合影

1957年，在工作

1988年，在中央工艺美术学院为学生讲授手工印染

2014年，研究中国古代丝绸

2011年，研究古代织绣艺术

1980年，日本美乃美出版社社长到中央工艺美术学院商讨编辑《中国工艺美术丛书》时合影（前排左起：程尚仁、雷圭元、张仃，右一阮波；后排左起：李琦、李绵璐、常沙娜，左六黄能馥，左七奚静之）

1991年，出席中国服饰艺术博物馆研讨会（前排左三黄能馥，左四陈娟娟）

1994年，黄能馥、陈娟娟夫妇与来访的丹麦纺织专家（中）合影

1999年，在《中华历代服饰艺术》出版座谈会上发言

2003年,出席南京云锦保护国际研讨会,与联合国教科文组织驻北京办事处文化项目代表木卡拉(右)合影

2003年,出席南京云锦保护国际研讨会,与国际丝绸协会秘书长拉维涅(左)合影

2013年12月30日,应邀担任策展顾问,出席"中国记忆项目系列展览:丝绸的记忆——中国蚕丝织绣暨国家级非物质文化遗产项目特展"开幕式,与非遗项目代表性传承人合影(前排左一李虹霖,左三黄能馥,左五周和平,左六马文辉,左七刘魁立,左八王福州)

2014年7月,在家中接受国家图书馆中国记忆项目中心张倩彬(右)采访

绘画作品《水乡情》,2009年作

绘画作品《王母千年蟠桃树》,2011年作

绘画作品《春江水暖》，2010年作

2012年，打羽毛球

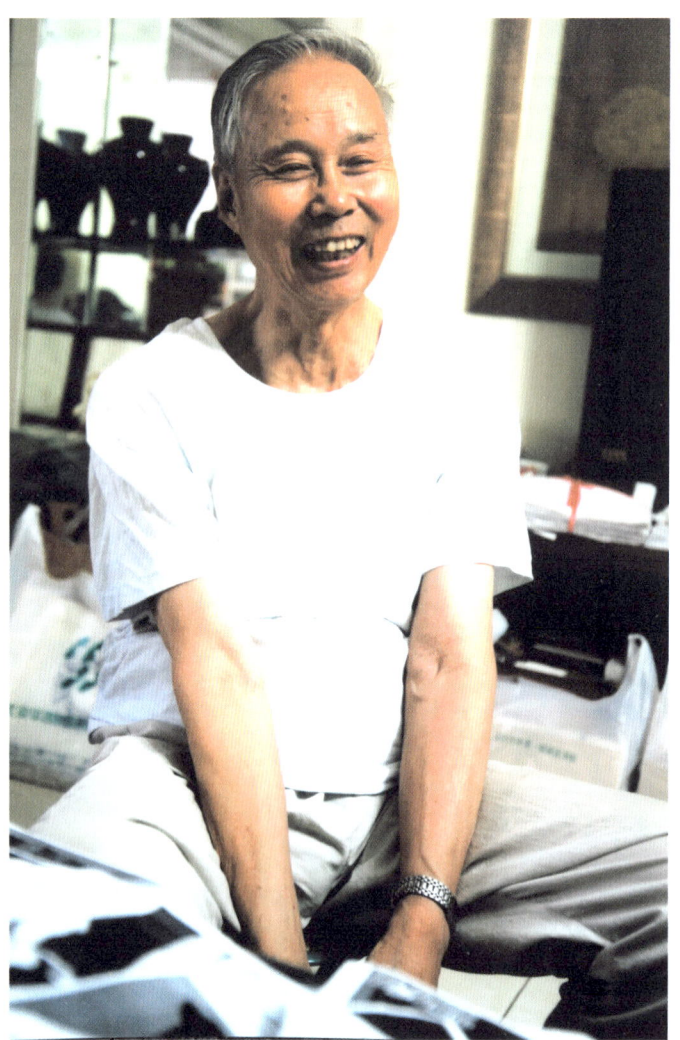

在家中

前　言

黄能馥先生是国家图书馆中国记忆项目中心进行口述历史采访的第三位学者。在采访他之前，我们已经开始对红学家冯其庸先生、病毒学家顾方舟先生进行口述历史访谈，他们都是各自专业的翘楚，都曾为各自领域的发展做出过重大的学术贡献。目前，"中国记忆·学者口述史"系列的《风雨平生——冯其庸口述自传》《一生一事——顾方舟口述史》都已出版，这本《锦绣流光——黄能馥口述史》将成为这一系列的新成员。我们与黄老的接触开始于2013年8月。那时，中国记忆项目中心正在筹办"丝绸的记忆——中国蚕丝织绣暨国家级非物质文化遗产特展"，黄老是中国当代丝绸史、服饰史界的权威学者，应邀担任策展顾问，为我们提出了许多宝贵的建议。

通过与黄老的相处，我们深感他正是学者口述史项目的合适采访对象，并向黄老报告了我们的想法。非常荣幸的是，黄老愉快地接受了我们的邀请。

黄能馥先生出生于1924年，浙江义乌人。他是我国当代著名的服饰史、丝绸史专家，长期致力于中国传统装饰图案、服饰史、丝绸史的研究工作，出版学术专著二十余部（部分著作与其夫人陈娟娟合作），其中《中国丝绸科技艺术七千年》《服饰中华——中华服饰艺术七千年》《中国服装史》《中国历代装饰纹样大典》，以及主编的《中国美术全集·工艺美术编·印染织绣》等，饮誉海内外。此外，他的学术论文《龙——中国文化的象征》《衣冠中国之服饰神韵》等，也都是富于创新精神的重要成果。黄老最重要的学术贡献之一，就是他填补了中国丝绸史史前时期研究的空白。正如中国收藏家协会会长、中国历史博物馆资深研究员、著名的文物专家史树青先生在《中国丝绸科技艺术七千年》出版座谈会上所说："（黄能馥、陈娟娟的研究）以丝绸为中心，将中华民族的文化史推到七千年前，是前无古人的。史料如此丰富，描绘如此生动，研究出版过程如此艰苦，成书又如此精美，恐怕也是后无来者的。"

黄能馥先生的求学道路充满坎坷。在生活困难、几近退学的情况下，他依靠校方的困难学生补助而得以继续并最终完成了在中央美术学院华东分院（中国美术学院前身）的学业。随后他留校攻读研究生，又随学校转入中央美术学院，并参与了中央工艺美术学院的创建工作，可谓筚路蓝缕，以启山林。1956年，黄老调入中央工艺美术学院工作，担任教员，并结识了沈从文先生的助手、后来成为他终身伴侣的陈娟娟女士。陈娟娟女士不仅是他的生活伴侣，更是事业上的伙伴。在故宫博物院工作的陈娟娟女士，长期从事织物组织结构研究，被中国纺织出版社范森先生誉为"世界上唯一长期坚持这项工作的研究人员"。

婚后数十年，黄能馥先生与陈娟娟女士在生活中相濡以沫，学术上相辅相成，一起为中国服饰文化研究做出了重要贡献。他们经常一起参加出土文物的鉴定与研究，是新中国最早开始复制出土丝绸刺绣服装的学者当中的两位，先后指导复制历代丝织品几十件，其中"万历皇帝缂丝十二章衮服"曾荣获复制金杯奖和全国工艺美术百花奖。1958年，他与中央工艺美术学院的师生一起，参加了人民大会堂、民族文化宫、军事博物馆等建筑的部分装饰设计工作。1959年，他与常沙娜、李绵璐一起赴敦煌，对莫高窟壁画中大量的服饰纹样进行临摹，积累了丰富而又珍贵的历史资料。"文化大革命"开始后，黄老也与当时绝大多数知识分子一样，不能从事正常的教学与研究工作，然而，他始终坚守学者应有的品格，在学术研究的道路上不断求索，学术思考未曾中辍。正因为如此，当"十年浩劫"过去之后，他才能很快地找回自己的学术方向，并取得令人瞩目的成果。

如今，黄能馥先生、陈娟娟女士都已经故去。他们留下的，是一份沉甸甸的学术遗产，他们的精神依然在感召着我们。我想，在他们的身上，也有这样的东西存在。那就是中华民族自强不息、积极进取的优秀品格，就是历代先贤传递给我们的忍辱负重、厚德载物的人格光辉。

黄能馥先生的思想和经历，正是中国现当代知识分子独立思想和学术精神的最好诠释。为现当代学者留史，让更多的人了解和记住他们，正是中国记忆的使命和职责所在。

国家图书馆中国记忆项目中心

自　序

我是1924年正月初一的晚上丑时（1924年2月6日）出生的，那就是说年初二出生的，1924年到现在（2014年）正好是90了，90岁整。但是，后来我要考杭州西湖美专[①]。1950年，考试是有年龄限制的，入学的年龄是23岁。可我已经26岁了，但是很想学画画。当时我在义乌中学当事务员跟一年级语文教员。那个时候县里的一些活动，比如布置会场、画马恩列斯的画像，都是叫我跟另外一位老师去画的。一个已经在杭州西湖美专绘画系上学的老同学，那年暑假回来，非拉我跟另一位老师两个人去考。我们想，去试试看也好，也没真想去上学。这样就到县文管会开了一个证明，一个是证明有高中同等学力，一个是年龄为23岁。考进去以后，因为户口都带过去了，所以上学以后，一直算成23岁，就是1927年出生，后来一直是这样的。

另外，我的名字原来是黄能福，"幸福"的"福"，考进去的时候也是写"幸福"的"福"。可是上学以后，同学就开玩笑说："你这是享福主义，是封建的。"那时候要改名字很随便的，也不需要在学校里办任何手续。我

[①] 西湖美专，建于1928年，时称国立艺术院。1929年，更名为国立杭州艺术专科学校。1938年，更名为国立艺术专科学校。1950年，成为中央美术学院华东分院。1958年，更名为浙江美术学院。1993年更名为中国美术学院。

2015年，读书

说：" 要是封建的话，我就改一个字好了。"大家给我想啊，后来想出这个"馥"字，这个"馥"字更好。他们说："又香，将来可以有大发展，比你那个封建的'福'字好。"这样就改成了"馥"。这个以前也无所谓，你用什么字都可以。所以，以前我写的书，都用黄能馥那个"馥"字。但发身份证以后，就必须要用原来那个"福"了。退休以后，我写《服饰中华：中华服饰七千年》这部书，在清华大学出版社出版。出版社的人说，那不行，必须你身份证上是什么名字，就是什么名字。结果又改回来，用原来的"幸福"的"福"。其他所有的，都得恢复原来那个"幸福"的"福"，因为年岁老了，要享福了嘛。

黄能馥

目　录

一　我的家 / 1
　　1. 义乌印象 / 2
　　2. 大家庭 / 6

二　求学路 / 9
　　1. 从小学到初中 / 10
　　2. 沦陷与辗转 / 12
　　3. 考取西湖美专 / 16
　　4. 大学生活 / 18
　　5. 结识沈从文先生 / 21

三　在中央工艺美术学院任教 / 25
　　1. 全国丝绸艺人创作研究班 / 26
　　2. 实习与拆装提花机 / 27
　　3. 中央工艺美术学院成立 / 29
　　4. 至敦煌莫高窟临摹服饰纹样 / 33
　　5. 赴云南写生 / 38
　　6. 我的第一本书 / 42

7. "浩劫"来了 / 45
8. 复刊《装饰》杂志 / 52
9. 定陵出土文物的保护与复制 / 54
10. 筹建丝绸博物馆 / 58

四　继续办学 / 63

1. 中国书画函授大学 / 64
2. 北京现代实用美术学院 / 68

五　著书立说 / 71

1.《中国服装史》/ 72
2.《中国历代装饰纹样大典》/ 75
3.《中华服饰艺术源流》/ 77
4.《中国丝绸科技艺术七千年》/ 79

六　我生命中的他们 / 85

1. 家人 / 86
2. 恩师 / 97
3. 良师益友 / 113
4. 得意门生 / 121

七　龙文化 / 123

1. 缘起 / 126
2. 龙是中华民族的图腾崇拜 / 128

3. 龙文化的发展 / 129
　　4. 龙的艺术风格发展 / 132
　　5. 十二章中的龙纹 / 134

八　中国服饰史 / 137
　　1. 人类为什么要穿衣？ / 138
　　2. 中国服装的历史变革 / 140
　　3. 怎样研究服装史论 / 146
　　4. 创出中国服装的特色 / 149

九　丝绸的印染织绣 / 157
　　1. 蚕的故事 / 158
　　2. 丝绸的质感与中国人的性格 / 160
　　3. 丝绸之路 / 162
　　4. 古代与现代的丝织品 / 165
　　5. 织机的发展 / 168
　　6. 印染绣的源流 / 169
　　7. 历代装饰纹样 / 171

十　结语 / 173

附录：衣冠古国之服饰神韵（黄能馥） / 177

黄能馥年谱 / 183

编后记（全根先） / 197

一
我的家

1. 义乌印象

我小时候就生活在义乌，义乌这个地方是亚热带地区，物产非常丰富。人口很多，地少人多，但是什么都有。因为这个地方高高低低，丘陵地区，有平地，有山有水，什么都能生产，所以农产品种类也非常多。尤其在秋天的时候，有一种乌桕树，那个树的树叶子是通红的。它的籽可拿来炼油，主要用来点灯，叫清油灯，乌桕籽的外面有一层蜡，可做蜡烛。

义乌这个地方有个故事，说在秦朝的时候有个孝子，这个孝子很孝顺，但是家里很穷。他父亲去世以后，没有钱给他埋葬，他自己就用手捧着泥土去做坟。这样感动了乌鸦，一群乌鸦飞过来，就含着土，帮他埋葬他的父亲。后来这乌鸦因为含泥土含多了，嘴巴都受伤了，所以，义乌县原来就起名叫乌伤县。后来到汉代王莽的时候，把它改成义乌县，就是这个乌鸦很有义气，是这个意思，所以孝是义乌人的传统。

另外，义乌人很讲究忠于祖国。因为过去历史上有些名人，像宋代的宗泽元帅，他抵抗金人。北宋首都汴京，就是开封。皇帝都逃了，他还在守汴京，在那守了一年多。奸臣想把岳飞杀掉，他去救了，救过来了。他有一个外孙，叫黄中辅，这黄中辅就是我的祖先。后来秦桧把岳飞在杭州风波亭害死了以后，我那个祖先黄中辅，他就在风波亭题诗骂秦桧。[①] 骂

[①] 据《黄文献公全集》补遗卷十一《桂隐先生小传》记载，南宋绍兴中期，秦桧篡权柄国，在和议达成之后，他每日里驱使文人墨客吟诗作赋，以歌颂所谓"太（转下页）

完了以后，又成政治犯了，他逃回义乌，就不做官了。他的孙子叫黄溍①。黄溍是宋元四大家②之一，他的文学非常好，所以元朝的时候中了进士，后来叫他当皇帝的老师，元代的历史、宋代的历史，叫他主持编修。在离我们家二三十米远的地方，就有黄中辅跟黄溍的祠堂，就是我们祖先的祠堂。

义乌这个地方我是很喜欢的，每月初三、初五是赶市的市日，那时非常热闹。我们家住在城门口，家门口又是从东阳县到义乌县的一条大路，正好在我家门口。记得我小的时候，每逢市日，门口路上什么都有。有打死的老虎，几个人抬着老虎，来卖虎骨膏。还有带着打死的山鸡来卖的。还有当时抽鸦片烟的，那时候不禁止抽鸦片。有一个抽鸦片的人在那个地方住，他一边走一边喊，"你们躲开、躲开，我烟瘾过了，我要摔倒了，你碰我我就摔倒，我叫你赔的"，一边走一边喊。有卖各种各样东西的，有卖柴火劈柴的，有卖水的，什么都有，特别热闹。另外也有变魔术的，当时叫"变戏法"，有猴子、绵羊，还有狗熊，特别热闹。也有赌博的，市日的时候特别乱，但是特别热闹。水果是什么水果都有，那个时候很便宜。

义乌原来很穷的，种水稻的时候拿什么做肥料呢？就是鸡毛，鸡毛做肥料，鸡毛跟石灰和大粪，还有草木灰，就是烧锅烧的灰和在一起当肥

（接上页）平中兴"之美。倘若有人说"奸臣当道"，就立即捕之杀之，士大夫中的不少人害怕得缩进了头。黄中辅高风亮节，奋不顾身，愤然作乐府诗题写太平楼。诗曰："快磨三尺剑，欲斩佞臣头。"他因这一勇敢之举，险遭不测之祸，被人们传为美谈。秦桧死后，朝廷欲授官黄中辅，但他未受命就去世了。

① 黄溍（1277—1357），元代文学家。婺州义乌（今属浙江省）人，字文晋，又字晋卿。仁宗延祐年间进士，任台州宁海（今属浙江省）县丞，累擢侍讲学士知制诰等职。博览群书，为官清正，不阿权贵。著有《日损斋稿》三十三卷，《义乌县志》七卷，《日损斋笔记》一卷，《黄文献集》十卷。于书法造诣颇深，是元代著名书法家。今存《黄学士文集》四十三卷，卒谥文献。

② 宋元四大家，指元代"儒林四杰"或称"元儒四家"，即黄溍、虞集、揭傒斯、柳贯。

料。稻子插秧插完以后，每棵秧苗的根部塞进一小块鸡毛肥料。所以义乌人"鸡毛换糖"，就是用糖换鸡毛。糖是什么糖呢？麦芽糖，就是大麦发芽以后用水煎，煎到非常浓了以后，加上苏打，用棍棒和弄和弄就变成糖了。卖那种糖的时候，拿把小刀子，你拿来一只鸡的鸡毛，给你哐哐一敲，一点点麦芽糖给你。"鸡毛换糖"，就是这样起家的，当时很穷的。

那么后来呢，在一个离义乌城二十三里路的地方，有一个村庄叫廿三里。廿三里有一个老太太，是小脚老太太。她买了一些处理的废品扣子，纽扣，拿一个小口袋装了去卖。她卖到少数民族地区，往新疆那边去卖。有的纽扣是镀镍的，锃亮的，少数民族拿这种纽扣做装饰。她买的时候非常便宜，比方买的时候几分钱就够了，可是卖的时候呢，她也不懂语言，人家问她多少钱一个，她手一伸，她意思呢，"五分钱"，人家就给她五毛，所以赚了很多钱。她又怕把这些钱带回的时候路上不好带，所以每走一个地方，赚了钱就去邮局里寄，寄到义乌。最后回来带的钞票就铺在床上，上面用席子一盖，所以家里很有钱。

她的邻居知道后，有一些人跟着她也开始卖纽扣。后来改卖镀氧化铝的那种戒指、耳环，这类东西，那赚的钱就更多了。那些首饰是在北京通县一家工艺厂买的，在那买，到义乌去卖。后来跟她的人越来越多，索性有一些人就摆摊，卖人家处理的各种各样的东西，比方杭州那种绸伞做坏了，她把坏的那种买回去，很便宜。到义乌去卖也比较便宜，但是都是次品，开始就是这样。

原来金华是金华府，义乌是归金华管的。义乌跟东阳的火腿都挺有名的，叫金华火腿，实际上是在东阳和义乌生产的，不是金华产的。还有南枣、蜜枣都是在义乌、东阳这些地方做的。

另外就是义乌做广告、做宣传很厉害，花钱在电视台天天播义乌广告，这广告宣传力、诱惑力特别大。义乌原来没有名气，后来天天花钱宣传，结果外国人也来了。后来，那外地人到义乌来的就很多了，政府就发给你钱叫你盖房子，一些人就盖房子出租。这样子越来越富了，义乌就这样子发展起来,就是这样起家的。开始是摆摊,我有一次回去,那是比较早的时候回去看,家家卖的东西是一样的,我看完全一样的。都卖批发,批发是碰运气,都有人批发,越来越多。所以我不敢回去,为什么呢?留在义乌的都特别有钱,我们在外面没有钱,就不敢回去了,回去怕被人看不起。

2. 大家庭

我是1924年在义乌出生的，当时家里比较穷，兄弟多，我是最小的一个。因为我父亲黄庆岩是36岁才结婚的，我出生的时候，母亲陶天凤已经49岁了，所以生下来身体很不好。我们五兄弟，大哥能杰、二哥能统、三哥能江、四哥能辕，大哥、二哥就没念书，三哥开始念小学，四哥也是念小学。

父亲黄庆岩

我们家里是这样子的，原来也是做官人家的后代，到太平天国的时候，义乌那个地方就很乱了。百姓都逃难逃出去了，再回来的时候就很荒凉。义乌那个地方过去主要是种地，靠耕牛来耕地，种水稻，那时候就没有牛。我的爷爷他长得个儿比较高，他腿比较长，走路慢吞吞，不是那么快，从后面跟他走的时候就要拼命跑，所以看起来他走路好像慢，其实很快。他到外地去买耕牛，买了十几头牛赶着回来。那个时候人家都向他买，他就卖，一批一批地卖。这样当时很赚钱，那时候土地很便宜，他卖了牛，赚了钱，就买土地。所以到后来，他五十来岁的时候，家里就有很多田地了。

这时候，他有一个堂哥，是清朝的武官，在衢州做游击还是参将的①。这个人退休回来以后很霸道，非常霸道。有一次我的爷爷跟他说话，说得不对劲，他就拿起那抽烟用的长烟杆，敲我爷爷的脑袋。脑袋敲破了，爷爷也不敢说，

母亲陶天凤

蒙着脑袋就连忙逃回家了。当时是文官比武官厉害，文官可以管到武官。我爷爷心想你那么厉害，我培养我的儿子当文官来出气，当时他有两个儿子，让儿子念书。这个小的儿子，就是老二，非常聪明，18岁就中秀才了。爷爷特别高兴，当时家里算有钱了，就想把儿子培养得更好一些。于是请了一个举人，到家里来教书。这个举人到家里来以后，抽大烟了，结果我爷爷也抽上大烟，我那个中秀才的二伯伯也抽上大烟。这样三个人抽大烟，没有钱了，就把土地卖了，一年一年地卖土地。我父亲最小，是第五个孩子，到我父亲的时候，田地都卖完了，家里很穷了，我爷爷跟我那个二伯伯也死掉了。这个时候，我三伯伯闹着去练武，去考武秀才，天天管家里要钱，没有钱就把家里墙壁都敲破了，天天闹。这种情况下就过不下去了，

---

① 清朝兵制，汉军用绿旗，通称"绿营"，分驻各省，最高的统军官叫提督，下设镇、协、营、汛四级，逐级统属，参将是"营"的主官，秩正三品，位次副将。游击，从三品，位次于参将。

只好分家了。

分家的时候，家里非常穷，我父亲也没结婚，分到两间空的破房子，里面什么东西都没有，只有一条棉被。还要还两百块大洋的债，所以这个负担就非常厉害了。但是我父亲个性很强，他当时想，该怎么办呢？他就买了一头小的水牛，过了一冬以后，这水牛就可以耕田了，他就养这头牛来给人家耕田。耕田人家是给工钱的，到秋天的时候，这头水牛大了，再卖掉，又买小的水牛，到第二年，这小水牛又可以耕田了。他每年就这样慢慢、慢慢地，把两百大洋的债还掉了。还清欠债以后，他已经36岁，这样36岁才结婚的。所以从他一开始，家里就是一贫如洗了。

二
求学路

1. 从小学到初中

我六岁在义乌上小学，叫武林小学。那个时候我二哥上高小了，三哥上初小，我不肯上学。有一次我在家里玩儿，我二哥、三哥就拉着我去上学，我就像宰猪一样哭，快到学校了才不哭。每天都这样子，小时候就不愿意上学，下雨天什么的，我哥哥从学校背我回家。

小学毕业以后，家里问我说，你还想不想再上学，我说我不知道。当时家里也没钱，我爸爸说想开一个豆腐房做豆腐。他说做豆腐，几斤豆，放到水里泡了以后，做成豆腐。这个豆腐水，可以养牛，养猪，豆腐渣也可以养猪，豆腐可以出卖，他说这个就是卖水的钱。可是家里需要有一个人会记账，当时祠堂里有一个私塾，有一个老先生是秀才，教私塾的，就叫我去那里学了半年。接着，在家里就放牛，帮家里干农活。

这个时候，国民党就要抽壮丁。因为我们家里没钱，有五个兄弟，人家就瞄准我们家了，那个保长就把我二哥抓走了。可是二哥从小有毛病，他被抓到金华兰溪那边，到兰溪以后，验体格不及格，退回来了。回来要走300多里路，150多公里，他是要饭跑路回来的。他一到家就哭，说我们要饭也得让我这个小弟弟上学。所以就是这样，让我去考义乌初级中学，可是我已经小学毕业一年多了，有些功课都忘了。去考的时候，考了一个备取第三名，后来还是上了学。中学是14岁上的，义乌县立初级中学。因为12岁小学毕业，13岁在家放牛放了一年。上学以后，上午去上学，下午就在家里放牛、割草、喂牛，帮着干农活。

  我在义乌初级中学念到初三上学期，当时我有一个堂哥，他原来是中央政治大学①毕业的，那时他在浙江永康，当新群高级中学②的校长，那个中学是民办的。当时浙江省政府就在浙江永康，离那个中学很近。省政府就叫他办一个地政训练班，这个地政训练班是学土地测量的，就是教学生去测量田地有多大，一块块地去量。因为孙中山先生主张平均地权，国民党就搞什么平均地权，为了平均地权，之前要知道这块地是多大，所以搞了一个测量队。我进到这个新群中学地政班，学了半年，就分配出去实习。我是被分配到兰溪土地测量队，离我们家也不远。到兰溪以后是挺高兴的，第一个月，吃饭是公家给吃的，给了一块钱薪水。因为家里穷，我就想到应该报答父亲、母亲，想以后可以有薪水了，连忙把一块钱往家里寄。寄完以后，日本人就从杭州一直打过来，打到诸暨，离义乌就很近了，离兰溪也很近。兰溪测量分队就把我们解散了，解散时候说你们自己去谋生路。

---

① 中央政治大学，民国时期国民党培养党政干部的最高学府。
② 新群高级中学，1940年由浙江省民政厅厅长阮毅成在永康创办的私立中学。

2. 沦陷与辗转

这个时候我没钱了，一块钱已经寄到家里去了。那么就找到汤溪县[①]，那里离兰溪很近，我四哥因为怕抽壮丁就跑出来，在那里当警察。我们家里就剩我二哥跟我父亲，二哥是抽壮丁被退回来的，父亲都六十多岁了。所以这样我先到汤溪，我想找四哥，一起回家。我们两个人回家的时候，金华、义乌都已经沦陷了。我们就找一条山路，山上很偏僻的路，走路回去的。到金华那个地方的时候，就开始看到沿路所有的村庄，都给日本人烧掉了，一百多里路全烧掉了，没有人，挺害怕的。

到义乌以后，义乌已经被日本人占领了。我们就回家了，义乌也有一个朝阳门，我家住在义乌朝阳门城门口。义乌没有城墙，但是几个主要的路口都有一个不大的城门。我们家就住在朝阳门外三号。朝阳门城门口有日本人站岗的岗哨，那里有日本哨兵坐着。那个冬天，日本兵就看附近的房子，比较好拆的，他们拿了绳子，拴到柱子上拉，把房子就拆了，拆了就把那木头拿去烧了烤火。中国老百姓走过那岗哨的时候，如果戴着帽子，要把帽子拿下来，搁在手腕里，向日本人磕头，而且要说："大先生，开路开路！"这样才能走过来。有一个乡下人，戴着一个凉帽，就是竹子编的

[①] 汤溪县，旧地名，位于浙江省中部偏西。1958 年，汤溪县除衢江以北的两个乡划归兰溪县以外，其余并入金华县。2001 年起属金华市婺城区。

帽，他不知道要拿下来，日本人给他拿下来，甩掉，他又去捡这个帽子。这样日本人就罚他跪，当时把碗打碎了以后，让他跪在碗的碎片上。脑袋上给他摆一碗水，跪着，如果水漏下来就打他。另外就是让狼狗咬人，我三伯伯家里有一个来帮忙的亲戚，就给狼狗咬死了。所以那个时候在日本人统治下，特别痛苦。而且听说日本人要抓中学生去培训，给他们做翻译。

这样我就在家待不住了，所以在1942年大年初二的时候，因为日本人放假，不站岗，在年初二的后半夜，我父亲陪着我逃出来了。逃出来的时候，背着一个麻袋，里头装了一条棉被，背了几双草鞋，有一张五十块钱的钞票，是国民党那种钞票，缝在衣服上，再包了几个粽子带在路上吃。就这样走山路，跑了出来。出来以后因为一个熟人都没有，也不知道到哪去，反正往大后方走。当时有许多青年也都是这样走出来的，路上看到一些年轻人，就跟着走。走着走着，腿就肿了，脚也破了，长泡了，但是还得走啊。再走的时候，那些泡走破以后，脚肿也消掉了，就这样在风里雨里走了一个月。

一个月以后，到宣平①，宣平我有一个堂哥在那里。我把背的那个棉被放到他那里。听说龙泉有原来地政班的老师在那边，我就给老师写了一封信，我又跑到汤溪把原来在兰溪时候那些行李去背回来。从宣平到汤溪那个路都是泥土的山路，红土的山，有松树。上去的时候是没事的，到下雨天下来，是很滑、很滑的。我一个人背着行李，在回宣平的路上，山上风吹着那些松树发出很大的嗷嗷响的声音，挺害怕，那也没办法，只好走。后来又走到龙泉，去找那个老师。他说，你到丽水去工作。又走了几百里路，到丽水有一个测量队在那里。我就跑到那里，以后就在测量队工作了。测量其实我也没学会，因为我小时候长得弱，人家看我挺弱的，就留在那叫我管管伙食啊什么的。

---

① 宣平，旧地名，今浙江武义县柳城镇。

1947年，23岁

在丽水待了不到一年，就到温州那边，又调到瑞安。在瑞安待了一年左右，又调到建德。在建德几个月以后，日本人从杭州打到桐庐、富阳，到富阳之后，就离建德很近了。在日本人还没有到建德之前，因为大家的薪水三个月没发，快没饭吃了。后来发了一个工资的通知，叫到离建德80多里路的淳安去领。测量队就叫我去领，我就跑到淳安去领钱。我到了淳安，那边的人说：这个钱不是钱，是粮食，要到乡下一个村庄里去领那些粮食。我到村庄以后，村长说："你要拿钱的话，只能按粮食的七折算给你们。"我一点办法也没有，人家等在那要吃饭，我说那七折就七折吧，心里也怕回去给人家骂。但是，我说同意七折以后，又叫我从乡下到淳安去领钱，我领了钱以后，回建德路上只有我一个人。我说怎么办呢，我就想了一个办法，买了一些草纸，把它包起来，好像是一包点心、糕点那样子，用一个竹竿背在肩膀上，其实里面是一包钞票，就那么走路回建德的。天没亮我就出发了，走了一个多小时以后，就看到农民在那收稻子、打稻子了，胆子就大一点了。走到建德，已经看到建德城了，忽然听到爆竹的声音，我以为是打枪，以为日本人到建德了，我连忙躲到稻田里看。看了一会儿以后，有人过来，是慢吞吞走过来的，不是逃过来的，我就从稻田出来问，才知道是日本人投降了。

到了建德，原来那个测量队已经逃到乡下去了。有一个我的地政班的同学在那留守。他说："测量队逃到乡下去的时候，那个队长，他的钱跟他的首饰之类的，放在一个钱包里头，到出城的时候就给人抢走了，他天天在那哭。"结果我就跟那个同学两个人到乡下找到测量队,大家见我回来挺高兴,有饭吃了嘛。可是那个队长求我说,他有两个存折,在淳安,叫我帮他把钱领回来。我第二天又跑到淳安,去把他的钱给他领回来。这样,那个队长待我就非常好了。日本人投降以后,测量队就调到龙游去了,到龙游县待了几个月,浙江地政局叫这个队长到杭州去当测量总队的队长。他带几个人去,就把我带到杭州了,这是1947年。

我到杭州之后,是在西湖景点柳浪闻莺旁边的钱王祠上班的。钱王祠原来是纪念五代时期吴越王钱镠①的祠堂。钱镠做了吴越王之后,就想接他父亲来享福,过比较好的生活。他父亲却不愿来,他说"你这种生活是靠不住的,说不定哪天你就又吃亏了",不肯出来。这个钱镠王的父亲在我脑子里印象挺深的,所以反正我什么事也不跟人争。

---

① 钱镠(852—932),字具美(一作巨美),小字婆留,杭州临安人。五代十国时期吴越国创建者。

3. 考取西湖美专

在杭州的时候，我也没有什么事，到礼拜天我就到杭州西湖美专的门口去看，看学生进进出出，因为我是很喜欢画画的。但是我进不去，有时候站在那看一个小时，每星期都去看。后来我那个测量队长的妹妹，她说："你去上学吧，去考吧。"因为我没有基础嘛，当时有一个民办的、纪念蔡元培的蔡子民艺术研究所，不要考就可以去上学，学素描。我进去也就学了几个月，以后就没钱了。原来我在义乌中学的时候，有一个我们班的班主任，因为我穿着补丁的衣服上学，但是功课挺不错，所以很喜欢我。他到杭州开会见到了我，对我说："你有困难，你就回去，到义乌中学去工作。"当时他已经当校长了。他说："你来帮我的忙，用一个事务员的名义，让你教一年级的语文。"这样我就回去了。回去以后，每个月大概有60斤大米的工资，这是很高兴的，60斤大米可以挑回家，让家里人一起吃，非常高兴。到暑假的时候，有一个原来和我一起上初中的同学，他已经考上了西湖美专。他知道我也喜欢画画的，他暑假回来，就死乞白赖地要我跟他到杭州，去考西湖美专。我反正也没钱念书，我想那就去试试，就跟他去试试看。到杭州以后，他借了一个画架、一块画板，一个石膏像，就在学校的陈列室教我画素描。那里有木地板，有好几个考生，都在那画素描，他教我怎么打轮廓。画了一个礼拜，晚上就睡在那个木地板上，吃饭就一天吃三个粽子。一考，结果考上了。

考取后，要回义乌。反正也没有钱，当时只想考考看，我想如果考上了，就向美专请求过一年以后再去上学，要求美专保留那个学籍，我心里是这样想的。回到义乌以后，我那个校长老师，知道我考取了，就叫我过去，骂我说："你有困难的时候找我，现在你不困难了，你想走啊，不可能的！不准去！"我说："我本来也没钱，我是考考试试看嘛，我也不想去上学。"这个时候，这个校长被调到建德，去当严州中学[①]的校长。他临走前叫我，他说："黄能福，你还是赶快去上学吧，要不去，新校长来，你就又走不了了，要不耽误你前途，你赶快走。"这样我回家凑了16块钱，当时美专伙食费一个月是六块钱，正好差不多三个月的伙食费。

---

① 严州中学，前身为清朝康熙年间吴昌祚创建的文渊书院。嘉庆时知府张丙震改文渊书院为双峰书院。光绪二十四年（1898）改书院为学堂。光绪二十七年（1901），双峰书院改为六睦学堂，标志严州中学诞生。1949年5月建德解放，不久本县简易师范和从淳安迁回的严州师范也并入严州中学。

4. 大学生活

这学校有几个系，一个是绘画系，一个是雕塑系，还有一个是图案系。那么，我为什么考图案系呢？因为1949年以前毕业后是要自己找工作的，当时考虑到这个，所以说"毕业以后，毕业就是失业"。我想，学染织专业比较好找工作，因为看到杭州有很多丝绸厂，我想要是没分配工作，我就找丝绸厂去工作，所以考的那个图案系。图案系分几个课，一个是染织课，一个是陶瓷课，还有印刷课和建筑课，还有一个室内装饰课，我选的是染织课。读到三个月的时候，我带的16块钱就花完了，我就跟同学说："我没饭吃了，我得回家了。"当时想呢，我反正原来初中还没毕业，我上了三个月学以后，就变成大学生了，回去也是挺值的。

我反正很喜欢义乌，我说我要回去了，同学们不让我走，叫我去申请人民助学金。那时候挺难申请的，就是全校每个班派一

1950年，在杭州西湖美专

个经济最困难的同学来当评委,是很难评上的,当时不止我一个人申请。我就写了一个报告,把为什么想上学,但是进不来,后来考上了,又碰到那个校长不让我来,后来他要调走了,才说"你去上学吧",这样才来上学。我把这个情况都写了,结果评委就通过了,给我助学金了。当时听我们班那个评委回来说,你这个报告怎么写得那么好,我们念了以后都哭了。结果当时只通过了我一个人。

过了第二学期,到第三学期,选学生会的时候,就选我当保卫部的部长。那时抗美援朝,美国人派飞机来,扔那种苍蝇、蚊子的炸弹,搞细菌战。我们学校就在平湖秋月的旁边,孤山脚下,后面就是孤山。在孤山脚下有美术学院、博物馆,还有动物园、中山公园,都连着的。在孤山这一块,归我们学校管,我们把那些地方的草拔得干干净净,让细菌、蚊子、苍蝇扔下来都马上看得见,就可以消灭它。所以我们一早,做早操的时候,大家都散出去拔草,大伙都特认真,草拔得特干净。到二年级的时候,选我当学生会副主席了。

接着就是到安徽去搞土改,在安徽搞了半年土改,搞土改的时候,叫我管一个村。当时我们想没收一头耕牛,是富农家的,但当地有人想保护那富农,这头牛没收以后,他们翻案了。可是最后到上面,不是还有土改大队吗,大队派人下来调查以后,知道他们翻案是不对的,牛还是被没收了。土改的时候我表现还比较好,回校以后就叫我入团。可是我年岁已经超过,超龄了,这样就没入团。

到三年级下学期,因为1952年的时候,国家搞高等院校院系调整[①]。我

[①] 高等院校院系调整,1952年,在全国范围内进行了高等院校的院系调整工作,调整于1953年基本结束。院系调整后,全国高校数量由1952年之前的211所下降到1953年的183所。这次院系调整的特点是:除保留少数文理科综合性大学外,按行业归口建立单科性高校;大力发展独立建制的工科院校,相继新设钢铁、地质、航空、矿业、水利等专门学院和专业。

们西湖美专，就是因为中央决定要成立工艺美术学院，先是把上海美专、苏州美专的图案系的师生都并到杭州的西湖美专。到1953年大年初三，把西湖美专图案系全部师生都调到北京的中央美术学院。当时，学校指定我和蔡成秀领队，把图案系同学带到北京。男生、女生各住一个大教室，室内有大煤炉，很暖和，大家都有垫被，独我只有一张席子。第二天发现操场里有稻草，抱了一些垫在席子底下，挺舒服，后来一直垫到研究生毕业，才买了褥垫子。

到中央美术学院以后，就是筹建中央工艺美术学院①。我当时是毕业班了，毕业班叫我上午上课，下午去坐办公室，筹建中央工艺美术学院的工艺美术研究室，由庞薰琹②教授主持。庞先生就叫我下午去上班，上午在班上听课。

1953年，中央美术学院工艺美术系青年教师与研究生合影（右三黄能馥）

---

① 中央工艺美术学院，1956年国务院批准成立，下设染织美术、陶瓷美术和装潢设计三个系；同时成立中央工艺美术学院研究所、理论研究室、刺绣研究室、服装研究室、家具研究室。1999年并入清华大学，更名为清华大学美术学院。
② 庞薰琹（1906—1985），原名盋，字虞弦，笔名鼓轩，江苏常熟人。著名工艺美术家、工艺美术教育家。1921年考入上海震旦大学学医，1924年毕业，次年赴法国，入巴黎叙利思绘画研究所学画，1927年在巴黎格朗歇米欧尔研究所深造。1930年回国，参加旭光画会、苔蒙画会，成为当时有进步倾向的新兴美术启蒙运动组织者之一。1949年后，历任中央美术学院华东分院教授、教务长。1953年在北京中央美术学院任教，并负责筹建中央工艺美术学院，同年底任"全国民间美术工艺展览会"具体负责人。1956年，中央工艺美术学院正式成立，任教授、副院长。

5. 结识沈从文先生

参与全国第一届民间美术展览

我是 1953 年大学毕业的，毕业以后就留校当研究生。当时第一件事情就是筹建全国第一届民间美术展览，这个美术展会上展出的都是工艺美术品。中央政府威望是非常高的，中央下个命令，叫地方上拿什么东西来，地方上没有二话，拿到北京来展览。展览是在劳动人民文化宫，就是以前的太庙，那是在第二年，也就是 1954 年的春节。1953 年冬天，在太庙筹办展览的时候，东西运到那里去要有人看守，就叫我去看守。白天黑夜我就住在太庙里面，那是冬天，刚刚开春的时候特冷，冷极了，给我生了一个很大的煤炉，但是还是挺冷的，晚上一个人在那可害怕了。好不容易等到开幕，开幕的时候叫我当这个会场管理组的副组长，兼少数民族馆的馆长。那时候参观的人特别多，因为工艺美术品展览是全国第一次，从来没有开过这样的全国展览，来参观的人特别多，特别挤。

展览完了以后，有一些展品是发回去了，像民族馆的展品，有一部分是从中央民族学院借的，就还给他们；有些是各地送过来的，就留下来了。文化部把留下来的东西都拨给中央美院，给工艺美术学院资料室做准备。所以现在有许多资料都在清华大学美术学院，清华大学美术学院原来是要

1953年，中央美术学院工艺美术系研究生合影（前排左二黄能馥）

建博物馆的。原来是有一个"大款"，准备捐11亿元来盖这个博物馆。前几年不是碰到经济危机了吗？他就缩水了，说给3亿。3亿没法建，就没建。当时人家送的那些工艺美术品，比如服装什么的，就在那里封存，要开的话就要美术学院跟派出所一起去开，光是清华大学是不许开的。到现在还封在那里，这个挺可惜的。我也不知道那些东西会不会坏了，因为在1965年下放的时候，我们原来有个地毯厂织的地毯，回来时候那些地毯都长虫子了。现在不知道他们每年是不是开一次，晒一次，挺可惜，那些东西很好的。

结识沈从文先生

那个时候有一些东欧的留学生，都是东欧新民主主义国家[①]的学生，东

[①] 即东欧社会主义国家，包括波兰、匈牙利、德意志民主共和国、罗马尼亚、保加利亚、捷克斯洛伐克、南斯拉夫、阿尔巴尼亚等国。

1956年，请沈从文先生给丝绸老艺人研究班讲课

欧国家也叫"苏新国家"，苏联和新民主主义国家。有的留学生跟我同届，毕业以后应该回去，可是大使馆说，"你们现在不能回来，中国是丝绸之国，你们要学习丝绸的历史，然后才可以回来"。中央美院没有教丝绸方面的老师，没有丝绸史的老师，就请沈从文先生给留学生来讲课。叫我去听课，做笔记，做完了请沈先生改了以后，再打印出来给留学生。沈先生来上课的时候，他不是全面讲理论，而是拿着许多丝绸实物来讲的，他带好多东西来。来的时候，他就坐黄包车[①]拉过来，回去的时候呢，帅府园，就是协和医院那个地方，那个时候找不到黄包车，东西就叫我抱着，沈先生在前面走，我就跟着，给他送到家里去。这样慢慢我就跟沈先生挺好的了。一个是我写的那个笔记，他改了以后我去拿回来，一个就是每次讲完课，我都送他回去，这样慢慢就很熟了。

---

① 应为三轮车，下同。

有一次因为给他发了讲课费，我记得是80块钱。我们那个时候伙食费是一个月8块钱，会计室叫我给沈先生送80块钱讲课费到他家里去，我送到他家，他就是不收。他说："你给我退回去，我是有国家工资的。"这样我就把那个讲课费又退回去了。所以，跟沈先生的关系是从那个时候开始的。

三
在中央工艺美术学院任教

1. 全国丝绸艺人创作研究班

我在杭州的时候，教我们丝绸专业的是柴扉①教授，柴先生1949年前在上海开图案馆、卖设计稿子，所有厂里头人都知道他，他画得很好。丝绸厂，只要他去，人家都特别欢迎。我在杭州的时候，柴先生老带我到工厂里去，所以工厂里最好的设计人员，我们都知道。

到工艺美院成立以后，柴先生就说，我们办一个丝绸设计的老艺人研究班②。就是这些老艺人没有理论基础，给他们从理论方面提高一下。他们叫我跑纺织部跟中国丝绸公司，去跟他们联系，请他们支持，由三家一起来办。办在学校，就是工艺美术学院，经费是丝绸总公司出的。技术课由纺织部跟丝绸总公司他们来讲，艺术课由我们学校讲，叫我当班主任。后来这些丝绸厂里的设计人员我都认识，特别是丝绸老艺人研究班回去的，那些人都成为工厂的领导干部了。所以我去工厂就非常方便，我带学生去的时候，工厂都会接待，连吃饭什么都不花钱。

---

① 柴扉（1903—1972），又名时遴，字云谷，浙江宁海县人。工艺美术家，中央工艺美术学院教授。长期从事染织美术的教学和研究工作。1922年在上海美专入西画系学习，1924年毕业。以后曾在重庆艺专、杭州艺专、中央美术学院等处任教，1938年至1939年任上海美专图案画实习教授。1956年成立中央工艺美术学院，任染织系主任。他设计的染织美术，具有独特的风格，作品有《蜡涂壁挂》《幸福》等。

② 老艺人研究班，指全国丝绸艺人创作研究班。

2. 实习与拆装提花机

留学生呢，不让回去嘛，就去杭州、上海、南京、苏州这些地方实习。我原来当秘书，但是我不是党员，是群众。结果当了一年以后，党支部就跟我谈话说："你应该做党跟群众的桥梁，你没做好。"我刚才讲了，钱镠王父亲的故事对我影响很深，所以人家批评了我，我就往后退。我就求庞薰琹先生，我说："庞先生你放我回去搞业务，我不想搞行政工作。"他想留我，每天晚上跟我谈话，谈了一个月，我就听着。等他谈完以后，我只有一句话，就是"您还是放我回去吧。"所以他没办法了，就放我回系。

放我回系后，第一件事情就叫我带留学生到南方去实习。留学生当时一个月有120块钱的生活费，二级教授每月工资是180块钱。我们多少钱呢，当助教25块钱。到一个地方工厂，我们先是到交际处，每个地方都先到交际处，交际处就住高级宾馆，派小汽车跟着。我们在南京的时候，住南京旅馆，就是特别高档的。我们走出来，一辆小车就出来了，用不着去叫，有专门等着的司机。吃饭都是特别好的，还招待看戏，一个留学生，就当专家来接待了，那个时候都这样。到上海也是这样，到杭州也是。杭州住交际处。到工厂人家都是接待得非常好，尤其到杭州，我原来就认识。所以到杭州工厂里头，就是把机器、提花机拆了，让你一件一件看，完了叫我去试着装回去，所以我对丝绸的机器就都很清楚。后来看到少数民族的机器很简单，但原理是相同的，所以一看就看懂了，我写这些书就靠那个时候打的基础。

1955年，与保加利亚研究生万曼（左）在杭州胜利丝织厂

3. 中央工艺美术学院成立

  1955年筹建了一年，到第二年，到1956年，中央工艺美术学院就成立了[①]。

  留学生学完以后，他们回去了。我就打报告，我说我再学点技术，我要求留在上海。这个时候北京就搞反右了，学校打电报叫我回来，我就回来了。回来的时候，庞薰琹已经被划成右派了。当时怎么回事呢？因为中央工艺美术学院原来是文化部主管的，文化部没钱、没房子，想叫学校搬到无锡去，而老专家们不肯到无锡去，要留在北京。这个时候，手工业管理局，就是后来的轻工业部，手工业管理局的局长邓洁他有兴趣，他说他们可以出钱出房子。那么学校就归手工业管理局行政领导，业务领导归文化部。实际上业务领导是空的，工艺美院那些干部都是从手工业管理局派下来的，从解放军啊什么地方来的。来了以后，因为原来我们这些教授要领工资啊什么的，都是我们学生去领了送到家里去的。这些行政干部一看，说你们这些知识分子那么难伺候，就有看法。

  接着是对办学方针有分歧。这个邓洁呢，他主张办成手工业作坊那样，

[①] 1956年5月21日，国务院正式批准成立中央工艺美术学院，由原国务院手工业管理局副局长邓洁兼任中央工艺美术学院院长，雷圭元、庞薰琹任副院长。11月1日，正式举行建院典礼。

由师傅带徒弟那样的，为手工业服务。可是庞薰琹呢，他说要为现代工业服务，就是给一些大工业生产服务，所以这个办学方针他们俩是有矛盾的。结果那个时候，正是毛主席搞"大鸣大放"的时候，庞薰琹就写了一篇文章，叫作《跟着党走，真理总会见太阳》，那样的一个题目，说要把学校回归文化部领导。同时，工艺美院的教师们也给文化部写了一封要求文化部来领导工艺美院的请愿书。谁知道这个时候的政策是"引蛇出洞"，让你们"大鸣大放"。原来那个请愿书上说，外行不能领导内行，文化部是内行，手工业管理局是外行，要求归文化部领导，可是当时的意见就是外行可以领导内行。当时写请愿书有30多个人签名，后来签名的大部分人都打成右派。其中只有一个副院长叫雷圭元，教图案的，还有他的学生叫程尚仁，这两个人没被打成右派。那是怎么回事呢？据说雷圭元跟邓洁是在杭州念书时候的同学，反右前夜邓洁就跟雷圭元打招呼，说千万不要随便说话。雷圭元就跟程尚仁打招呼，所以这两个人没有划成右派，其他的通通划成右派。我呢，幸亏我不当秘书，当秘书那个请愿书可能就由我写，那就是极右分子了，所以反右的时候我没事。

反右以后，当时中央规定干部要下放劳动一年，向劳动人民学习，工艺美院当时下放18个人。我们大家都踊跃报名去参加劳动改造，结果批下来18个人里头有我。下放地点是在北京温泉乡白家疃村，白家疃大队，这个大队当时种的都是旱地。那个时候大家要搞增产，把旱地改成水田，我们就都下去，下地挖土，挖一个蓄水池出来，拿来种水稻。那个时候大家都拼命干，抬土、挖土，土筐已经满了还不行，拼命拍，用铁锨拍，拍到特别高那个土。这样锻炼锻炼以后，一连几个月，身体就比以前好多了。当时一二百斤土抬起来走路，一点问题都没有。大家都很有热情，也很高兴，非常高兴。

到最后，蓄水池挖完以后，就到南安河，修南安河。从白家疃过了一座山以后就是卧佛寺，卧佛寺再往前走是南安河。那个时候已经是冬天了，天气特别冷，但是挖河哪天挖完是有规定的，开始的时候是没水的，后来地下水就冒上来了。冒上来以后，冬天很冷，要在水里头挖土，而且白天黑夜都挖，晚上也挖，晚上很冷很冷。大家就每个人买一小瓶白干，二锅头，实在冷得不行，打哆嗦的时候，喝上一口二锅头。上岸以后，两条腿就发僵了，没法走路，就拿铁锹当拐棍，走到休息的地方，一躺下就睡着了。

我原来体质非常差，特害怕吃肥肉，看到那油腻的东西就不吃的。吃得很少，所以说体格很不好。这样挖了几个月以后，就能吃了，那个时候就能吃六碗饭了。从那以后，看到肥肉也敢吃一点了。那个阶段下放劳动，我觉得锻炼还是收获很大的。

南安河挖完以后，劳动一年期满，就回校了。当时已经离开学校一年，一些情况也不太了解。学校正在学习的时候，是"红专辩论"，应该是"先红后专"，要先争取入党。"先红后专"是正道，如果是"先专后红"，就等于"不专不红"，是没有出路的。辩论之后，又出来一个什么"工具论"，说要无条件地做党的工具。有些人就说，"我就是工具"，可是我挺反感。因为马克思说过，"工人是不会说话的工具"[①]，我说共产党是挽救人民的，他怎么会把人民当"不会说话的工具呢"？所以就是想不通，也不敢说，因为是刚反右以后，就听着，不发言。这样就变成比较落后了，所以反右以后，他们唱的高调，我不是跟着走，但是也不说。

接着是全校下厂去搞"大跃进"，说是搞科学研究。下厂以后，我带了几个学生到一家丝绸布厂。他们有一台废机器，当时还是用人工的，我就把它修理好。修好以后，把它用油漆漆新，两个礼拜以后就带回到学校

[①] "工人是不会说话的工具"，此处口述者可能记忆有误。马克思在《资本论》第一卷中提到过"工人这种会说话的工具一直是受苦最深、喂得最坏和虐待最残酷的"（人民出版社 2004 年版，第 777 页），还提到过"劳动者在这里只是作为会说话的工具"（第 229 页）。这种说法套用的是古罗马作家马可·铁伦提乌斯·瓦罗在《农业论》中的一段话，在这段话中将奴隶比喻为"会说话的工具"，牲畜是"会发声的工具"，犁是"无声的工具"。

去了。结果回校以后，当时一个党支部书记，他是东北人，原来当解放军一个连队的指导员。这个人非常"左"，极"左"的。他带学生下去用纸盒子、火柴棍搭起来，用一张纸条，这边卷一卷，纸条都跟着过来。他说："这是全部自动化，两个礼拜以后，全厂设备自动化。"我想，这不是吹牛吗？

  因为老先生跟我关系都特别好，他们划成右派以后，实际上在反右的时候，我从上海回来以后，叫我在资料组整理的。到反右结束以后，新的领导班子都是很"左"的，非常"左"，不实事求是。"大跃进"的时候，说农村"亩产千斤"什么的，这样一种气氛。报纸上登出来：小孩坐在水稻上面，水稻都不会下沉。它是浮夸风，就是很浮夸的。

4. 至敦煌莫高窟临摹服饰纹样

后来学校也说要出一点真的成果，这样常沙娜当时在系领导小组，但不是系主任。常沙娜就是敦煌文物研究所所长常书鸿[①]先生的女儿，后来担任工艺美院的院长。她提出来，敦煌从南北朝到元朝，每朝每代都有壁画跟雕塑，那些人衣服穿的都是跟真人一样的，上面画的花纹可以看清楚从南北朝到元代这个阶段装饰纹样的发展。她跟我，还有李绵璐[②]，三个人利用暑假的时间，去临摹回来，这是一个成果。党支部书记就批准了。放假前两个礼拜，我们三个人没有课。我们就提前半个月，动身去敦煌。我们

[①] 常书鸿（1904—1994），浙江杭州人。擅长油画、敦煌艺术研究。1923年毕业于浙江省立甲种工业学校染织科，1932年毕业于法国里昂国立美术学校，1936年毕业于法国巴黎高等美术专科学校。历任北平艺专教授，国立艺专校务委员、造型部主任、教授，教育部美术教育委员会委员，1943年任敦煌艺术研究所所长。1949年后历任敦煌文物研究所所长、名誉所长，敦煌研究院名誉院长、研究员，国家文物局顾问。甘肃省文联主席，第三届、第五届全国人大代表，第六届全国政协委员，第四届全国文联委员。

[②] 李绵璐（1929—2010），北京市人。1949年考入中央美术学院。1953年本科毕业，1955年中央美术学院实用美术系研究生毕业，后留校任教。曾参加首都国庆节等活动的美术设计工作及全国工艺美术展览的设计，研究少数民族图案及民间工艺美术。曾任中央工艺美术学院副教授、副院长，国家教委艺术教育委员会委员、全国中小学教材审定委员会审定委员，清华大学美术学院教授，中国美术教育研究会理事长，中国工艺美术学会艺术指导及中国民间工艺美术专业委员会副主任委员。

一路上坐火车，那个时候先到兰州就得换车了，在兰州住了一个晚上，到新疆的铁路还没完全通，火车开得特别慢。出了玉门关以后，服务员就在广播里头讲："出了玉门关，两眼泪汪汪，回头看是家乡，往前看是鬼门关。"那个时候第一次出去嘛。

后来到敦煌县的红柳车站下车。下车以后，常书鸿先生就派一辆吉普车来接我们。接我们的路上看到祁连山，山上都是雪，那个山不高，因为地势本身已经很高，所以看祁连山并不高，但是山上都是雪。当时马路看起来是平的，可是车开起来跳得特别厉害，把我们都甩起来了。在路上，从红柳站开车到敦煌县的路上都是戈壁滩，戈壁滩原来是很大的鹅卵石，满是鹅卵石，那里堆着都是那种石头。青草是没有的，戈壁滩里头长一种叫骆驼刺[①]，不长叶子，全是刺，是骆驼刺。还有一种没水分也能长的红柳[②]，以及一种叫芨芨草[③]的，那种草我没见过，说红柳、芨芨草、骆驼草是沙漠三件宝。吉普车开着开着，突然看到前面有一辆吉普车，我们这个车开得快，它也开得快，我们这个车停下来，它也停下来。我问那个司机，司机说这就是海市蜃楼一样的，它就是我们这辆车。

从红柳站到敦煌县城，天已经晚了，就住旅馆。晚上渴了就喝水，一喝那个水，又咸又涩，原来地下都是盐碱地，水特别咸，不好喝。到敦煌以后，吃的饭就是很难吃，也不知道是不是青稞，我说不清，反正咬起来"松松松"响，吃下去又特别粗糙，吃了以后老放屁。那个地方水也是很咸的，不好喝。常沙娜的父亲就开着吉普车去买西瓜，买一车西瓜回来，那个西瓜特别甜，在沙地上种的西瓜特别甜。敦煌这个地方，前面离莫高窟

---

① 骆驼刺，草本植物，属豆科、落叶草本，主要枝上多刺，叶长圆形，花粉红色。是戈壁滩和沙漠中骆驼唯一能吃的、赖以生存的草，故又名骆驼草。
② 红柳，又名柽柳，多枝柽柳。柽柳科、柽柳属植物，灌木或小乔木。红柳当前除饲用外，主要用于营造农田防护林和固沙林。
③ 芨芨草，禾本科、芨芨草属。植株具粗而坚韧外被砂套的须根。秆直立，坚硬，内具白色的髓，形成大的密丛，节多聚于基部，基部宿存枯萎的黄褐色叶鞘。

往西也不是很远,十几里路的地方,就从地下冒上来一股水,特别清的清水,就到敦煌莫高窟。那是一条不宽的小溪,水不断,特别清,但是一喝就特别咸。

到了第二天,常书鸿先生就说你们先看一遍,普遍看一遍。这样从第一窟一直到后面300多窟,一个洞窟、一个洞窟看过去,哪些地方有应该临摹的地方。先

1959年,在敦煌莫高窟后山

看了一天,第二天就开始临摹。当时很方便,因为没有观众。莫高窟有的地方是一层、两层、三层,有四层上去,底下那层有的洞窟很大,上面也有中等大小的,有一些小的洞窟,很小。但是要上去,都不好上,那时台阶什么都没有,用两根杉木,钉上几根横木档这样的梯子。这样扶着梯子上去,都是这样。两个洞之间没那么多梯子,就在墙壁上打一个洞,这个洞窟到那个洞窟,从洞里边爬过去。

当时里头没有安装电灯,什么都没有。大的洞窟门口进去那一段是看得清楚的,往深里头走就漆黑了,就看不见,光线进不去。这样每个人点一根蜡烛,照着蜡烛去看,看完就分工,这个洞有几个地点要临摹,就分开来。分开来以后,每个人一手拿着蜡烛,一手拿着一块画板,背着画板,把该临摹的东西用铅笔稿子打下来。打好以后,点上色彩。然后跑到洞窟的外面、门口,坐在小不点儿的小凳子上,把它上颜色画完。画完以后再回去到那个地方去校对,看对不对,不对再修改。每天吃完早饭赶快去画,中午回来吃完饭,放下饭碗,连忙再去画。那个地方晚上太阳下山比较晚,好像八点钟还能看见。这样三个人每天在那临摹,到开学后又过了一个礼拜

才回来。这样差不多两个月，三个人，一共临摹了140多幅，从第一窟到元代的最后一窟，全都临回来了。

　　临回来以后，到学校观摩、展览，大家一看觉得很新鲜，像很多唐代跟南北朝的图案现在还在用，就是圈圈点点的那种，都很新鲜。跟明朝、清朝那些不一样，以前以为传统的就是明朝、清朝，全是穿枝莲一类这种东西。但是从敦煌回来之后，感觉我们古代完全不一样。而且看得出来，从汉代以后，经过三国，到南北朝的时候，因为少数民族文化进来，少数民族进到关内来跟汉族一起住了，所以同化了，这样带回来很多少数民族的服装款式跟装饰纹样。因为少数民族不像汉代的衣服很肥大，穿起来很费事，生活很不方便。少数民族穿裤子、短衣服这些生活活动方便，这样少数民族的服装我们汉族也接受，也吸收了。汉族的服装，少数民族的统治者羡慕，因为很肥大，装饰性很强，所以少数民族的国王，一些领导人，吸收汉代那些服装，而汉族老百姓吸收他们老百姓的服装。所以从南北朝开始，中国服饰文化起了一个划时代的变化。

　　因为我在学校教中国染织纹样史，以前只看到明清时期的，过去也看到过一些零零碎碎、联系不起来的古代纹样。敦煌回来以后就连成一线了，怎么发展下来，什么时候有什么大的转折，就清楚了。我觉得到敦煌去很值很值，对我一生影响都很大。

　　敦煌县到敦煌莫高窟还有几十里路，一路上是没有人的，没人烟的。每个礼拜，比方说有电报啊什么的，都发到敦煌县，然后敦煌县有一个邮差骑着骆驼，一个礼拜来一次。远远听到"叮当、叮当"，骆驼的铃响了，有车来了，就是电报也得一个礼拜以后才送到。所以在那个地方，我们别的不管，就是赶快把临摹的任务要完成。

　　在敦煌的时候，吃的不是挺苦的吗？常沙娜的父亲常书鸿先生他们家里，在后院挖了一个洞，都是泥土的，养了兔子。先是养两只兔子，一年到头了，就变成几十只兔子了，发展得很快。为什么呢？吃的西瓜皮全扔到那去，它们就吃那个，兔子也不会逃跑的。礼拜天的时候，宰一只兔子，让我们也去吃，那段时间就是这样过来的。因为那个地方特别干燥，吃西瓜以后，西瓜皮扔到地上，过几天就干得像一张纸一样那么薄了。有的人扔食品罐头，那罐头就锃亮、锃亮，一点都不长锈。到那个地方，看起来像到国外一样，挺新鲜的。到敦煌去差不多两个月，收获很大的。

当时正好是三年困难时期，因为"大跃进"以后，农村就是明明生产不到1000斤，非说按1000斤卖余粮，所以当时农村很困难。我老家是种田的农民，我回老家的时候，我哥哥他们说，当时说三年自然灾害，实际上他说这三年里头天气都很好。但是，大家出去以后，坐在田埂上不干活。可是当时自然生长的一些水稻里的稗草长得很好，还是有收成的，但是没有那么多。强迫卖余粮，卖完余粮，口粮就没有了。我们家我大哥养了几头猪，猪粮是政府供应的。喂猪的那个地就可以不交余粮，种胡萝卜你可以自己家里收集点。所以回去的时候，一是吃胡萝卜，另外，每个月还给几斤粮食，说给喂猪的。可以买豆腐渣，回家就吃那个豆腐渣。我说，不是亩产千斤吗？我哥哥说那都是假的，是那么一个情况。

1959年，与李绵璐（左）、常沙娜（中）在甘肃敦煌月牙泉

5. 赴云南写生

  我们从敦煌回来以后，张仃①先生当我们的副院长，院长是邓洁，他介绍我跟另外两个，一个李绵璐，还有一个叫梁任生②，我们三个人加入中国美术家协会。当时他接受了云南军区的司令③傅钟④将军的邀请，请他到云南去写生，他就叫我们两个人陪着。我们是在1960年的年初二到昆明，住在昆明招待所翠湖宾馆。翠湖是昆明的一个大湖，上面海鸥特别多。昆明原来四季都是很温暖，但我们去以后碰上了下雪。由李绵璐到军区去联系，

---

① 张仃（1917—2010），号它山，辽宁黑山人。中国当代著名画家、书法家、工艺美术家、美术教育家、美术理论家。曾担任中国文联委员，中国美术家协会常务理事、中国美术家协会全国壁画工作委员会主任委员，中国工艺美术家协会副理事长，中国画研究院院务委员，黄宾虹研究会会长，中央工艺美术学院教授、院长，《1949—1989中国美术年鉴》顾问等职务。

② 梁任生（1931—），北京人。擅长美术教育、艺术设计。1952年中央美术学院实用美术系毕业，曾受业于张仃、张光宇先生。1960年中央工艺美术学院研究生毕业，1954年清华大学建筑系教师进修、兼课。曾任中央工艺美术学院教研室主任、艺术设计研究所负责人，北京展览馆美术设计师兼副馆长，《装饰》杂志负责人，常务副主编，《中国设计》杂志编委、学院学术委员，北京亚运会专家委员会委员、美术顾问。

③ 此处口述者记忆有误，应为总政治部副主任。

④ 傅钟（1900—1989），四川泸州叙永人。中国人民解放军高级将领，1955年被授予上将军衔。原中共中央顾问委员会常务委员，原中国人民解放军总政治部副主任。

军区派了一辆中吉普,派了一个司机,我们到哪,他就开车开到哪。那时候有那么一辆军用的中吉普,到任何地方的宾馆就直接开进去住,不要介绍信,非常方便。

到云南,先在西双版纳,西双版纳的首府是允景洪①,在景洪宾馆里住下,正好碰上泼水节②。泼水节的时候,我们是到另外一个地方去,一早出去了。出去以后,他们当地的人就来找我们,端着水来泼,要是见了就泼水。泼水节我们躲过了,要不全都湿了。

后来是到橄榄坝,那是一个乡,就在澜沧江的边上,那个地方路边上都长着一人多高的草,那叫老虎草③,老虎躲在哪都不知道。他们住的房子是竹楼,用竹子做的,楼上这一层住人,楼下就养牲口。每一家人家有几十头大水牛、几十头猪,猪都放出来,随便跑,白天它就跑出去了,晚上它又回来了。牛也是这样子,大水牛。

傣族女人穿的衣服、裙子,上面短衣服都特别漂亮。晚上的时候,他们每逢十几,也不是十五,反正十几,有一天是赶摆。赶摆的时候,就是女青年都坐到路边上,地上摆一块布,上面摆着鸡和吃的、喝的酒这些东西。男青年一批一批戴着礼帽,三五成群地走,看到哪个女孩子他喜欢,他就坐下来喝酒,吃鸡肉,也不花钱的。女孩子看到这个男孩子,要是喜欢,就给他小凳子,叫他坐,不喜欢就不理他。晚上在月光底下,树是一

---

① 允景洪,位于云南省西双版纳傣族自治州首府景洪市。傣语意为"黎明之都城",人们习惯地把它呼作"黎明城"。
② 泼水节,是傣族以及泰语民族和东南亚地区的传统节日,也是傣族的新年,时间是在公历 4 月中旬,一般持续 3 至 7 天。泼水节是展现傣族水文化、音乐舞蹈文化、饮食文化、服饰文化和民间风俗等传统文化的综合舞台。
③ 虎耳草,又名金丝荷叶、耳朵红、老虎草等,为虎耳草科植物虎耳草的全草。主要生长在南方的四川、云南、两广等地。

种贝叶树①，它那叶子是可以写经的，寺庙里头念的经。那种树在我们浙江是没有的，看不见的，所以到那个地方风情就完全不一样，真是异域风情。

那个时候特别热，女孩子也都到澜沧江洗澡，她们下水时，随着水深，慢慢把裙子一点一点地往上裹，走到水深齐肩的时候，就把裙子裹在头上，等洗完澡上岸，再随着水深一点、一点放下来。再是在澜沧江赛龙船，船员一边唱歌，一边划船。划到目的地时，就一边跳舞，一边走到由政府守在岸上的草棚里去喝酒，特别热闹。

那个地方有一种毛病，就是小的蚂蟥，我们这边的蚂蟥挺大个，它那里很小，像大蚂蚁那么小，长在树上。人只要过去的时候，它就会掉下来咬你。被咬以后得一种麻风病，脚肿。麻风病会传染，所以得麻风病以后，就集中到一个村子里，叫麻风寨，村子里的麻风病人叫"琵琶鬼"，也叫"琵琶鬼村"、"琵琶鬼寨"。得了麻风病，住到麻风寨以后，人家就不理了，买东西都不卖给他们，也不买他卖的东西，把他们隔离起来，这是一种习惯。当地挺有权威的是和尚，就是缅寺②里的和尚，和尚说你得麻风病了，那么你这家就倒霉了。我们到橄榄坝后，当地政府的人，对我们说有一家很好的居民，被缅寺的大和尚说成是"琵琶鬼"，准备把他们送到"琵琶鬼寨"去，政府干部就请我们给那家的主人画像，中央来的人给他画像了，他们家可以避免那个灾难了。

有一天晚上我们去参加他们的节日，叫什么节，我也说不清楚了。在月光下，小姑娘都坐着小凳，地上摆着吃的，男青年用三节的大手电棒去照。跟看电影一样，挺热闹的。

---

① 贝叶树，云南西双版纳傣族称为"戈兰"，是一种棕榈科木本植物。生长在热带、亚热带地区。贝叶树之叶，是傣族古代的书写材料。傣家人在尚未掌握造纸技术、无纸书写以前，以贝叶作纸刻写佛教经文。
② 傣族信仰小乘佛教，修建的寺庙，叫缅寺，是他们举行宗教祭祀和僧侣诵经习文的场所。缅寺建筑结构精美，造型独特，既具有傣族建筑风格，又有东南亚建筑艺术特色。

在那画了一个阶段以后，我们就转移了。转移后，先到云南丽江、西双版纳等地，到那个地方画。画了一段时间之后，到云南大理，赶五月节，就是很大的集市，然后到苍山脚下的蝴蝶泉写生，电影《五朵金花》就在那里拍的，风景非常好。另外，在洱海那地方住，洱海有特别多的鱼，但是没有蔬菜。在住的地方，他们每天捞上好多鱼，就用白水煮，煮了以后吃那个鱼。在那个地方也画了很长时间。另外到芒市，是另一个傣族住的地方。傣族女孩子不穿裙子，穿裤子，背着一个竹筐子，竹筐编得挺好看的，人人都背那个筐子。那个地方在国境线上，国境线出去就是缅甸，我是没到国境线。另外，路中间有一个山头，住的是景颇族，景颇族人穿毛织的裙子，坐在地上织毛织品，很古老的那种织机是在那里看到的。在那个地方差不多画了三个多月。回来后在昆明办了一次展览，完了回到学校。

6. 我的第一本书

中宣部、文化部、国务院出版局，三个单位组织全国艺术院校的老教授们到北京来，成立了一个高等艺术院校统一教材编选组。小组成员是外地请来的，南京请来的陈之佛[①]，陈之佛很有名；四川请来的叫沈福文[②]；东北请来的叫龙中鑫，地方上比较有名，还有其他一些人。一共十多个人，是1959年到1960年，差不多快一年。当时是困难时期，供应很困难，都是一户人家一个月几两肉、几两油，香烟、糖，这些都买不到。结婚的时候，批准以后，给你发一个证，去买二斤水果糖。那个时候很困难，买一

[①] 陈之佛（1896—1962），浙江余姚人。现代美术教育家、工艺美术家、画家。1916年毕业于杭州甲种工业学校机织科，留校教图案课。1918年赴日本东京美术学校工艺图案科学习，是第一个到日本学工艺美术的留学生，曾创办尚美图案馆。历任上海艺术大学、上海美术专科学校、南京中央大学艺术系教授，南京大学艺术系教授兼主任，中国美术家协会理事，中国美协江苏分会副主席，江苏省文联副主席等。主编有《中国工艺美术史教材》，出版《陈之佛画集》《艺术人体解剖学》等。

[②] 沈福文（1906—2000），福建诏安人。漆器艺术家。1928年考入国立杭州艺专，1931年考入北平大学艺术学院。1932年与王启民、杨澹生等同学创立平津木刻研究会。1933年任北平美专教授兼教务长。1935年留日入松田艺术研究所。1938年归国任国立艺专教授。1939年同李有行教授等创办四川省立艺专并任该校教授兼任应用艺术科主任。主要作品有《晨曦盘》《松鹤太阳盘》《金鱼大漆盘》《长江三峡神女峰下》《六蝉堆漆绿彩嵌金花瓶》《堆漆金鱼》等。

条香烟都很困难。一些老先生到北京来以后，中宣部的意思，就是这些老先生年岁大了，而且写教材是高级脑力劳动，需要营养，不要让老先生为了教材来，身体变得不好。这样照顾老先生，让一些老先生先住到香山饭店去。香山饭店当时是招待外宾的，食堂的服务员抹着口红，穿白色的衣服，当时没人抹口红。那里吃得挺好的，一个礼拜好像能买一包还是两包香烟，买一斤水果糖、几个苹果。而且到礼拜六，每个人可以点一个菜带回家去，中宣部就让我们住到香山饭店去。

沈从文先生当时是这个教材组的顾问，因为这个会是很早就开了，由中宣部部长来动员的。所以沈先生很热心，当时编哪些教材、哪些课，他就给大家写参考书目，编写提纲，他比较熟悉嘛。那个时候天很热，夏天特别热，他是一早起来就写，写到晚上。我去看他的时候，他上衣都不穿，一手拿着一把扇子，一手在那写。两个多月里头，他写了差不多 20 万字，书目跟提纲，这些老先生来以后，就发给他们。当时中宣部叫他住到香山饭店，他说："我住到那，人家就没法找我了。"因为当时一些工艺美校、工艺美术厂找他要材料，他说他就不去了，他没住到那里去，我们是住到那里去的。每个礼拜我从香山饭店骑车进城看沈先生，看学院的领导，回来汇报一次。那时候骑车，去的时候一般都是顺风，回来就戗风，骑到家里累得不得了。每天都骑车的，那个时候是这样。

由张仃先生当组长，我跟李绵璐两个人当秘书，我兼写《中国染织纹样简史》这部书。我是比较早把教材写完，因为我跟李绵璐两个人，他写少数民族部分，比较简单，历代的部分主要是我写。1962 年就写完，已经交由财经出版社出版了。这书在财经出版社出来以后，已经发到新华书店了，后来又拿回去了。因为这个时候，毛主席对文艺界批评：文化部不管文化，封建的、帝王将相的、才子佳人的东西很多。这个批评下来以后，大家就怕了，一切工作都停下，把这个书就收回去不卖了。一直到"文革"以后，这个才重新改写出来。

沈先生呢，那时候周总理让写中国服装史，他完稿以后，也交到财经出版社，就是后来的轻工出版社前身。有一部分制版已经制出来了，结果"文化大革命"，他那个就停下来了，财经出版社制好的铜版给红卫兵抄家，后来是在历史博物馆的地下室找到的，后来他出版的是重新写的。

  起先呢，我写了一本《中国印染史话》，这个《中国印染史话》是由中华书局出版的。写这本书的时候，因为我写完稿子就请沈先生看了，因为是历史，要有根有据的，有个地方我就说"据说"怎么着，沈先生看了用红笔在那稿子上画了很大的一个问号，批："据谁说？"这个对我教训非常大的，就永远记住了，写历史没根据，是不能随便写的。

7. "浩劫"来了

回到学校后,开始农村搞"四清",我们就都参加"四清",学校也不上课。一共参加了三次。第一次是在昌平八街那个地方,回来以后到邢台。邢台那年水灾加地震,那个地方挺苦的,吃的粮食都是那种白薯干,白薯切成片撒在地上,晒干了以后收起来当粮食。到秋天的时候,白薯基本上都长毛了,一些老教授吃那个都浮肿。我因为从小家里都比较苦,所以没事。农村的干部真是像毛主席讲的,绝大多数都是好的,但是有的地方搞极"左",硬逼他们交代问题,到邢台那个时候还是这样做的。

后来是到昆山。昆山那个部队是地方上的部队,另外加上是航空学校,航空学校的老师都是军官,就比较好了。运动到一定时间,逼他们村干部交代贪污多少,硬逼。因为在邢台我有经验了,把人逼到一定阶段以后,他们没办法,就乱交代,说自己贪污了多少、多少钱,但我们去查旧账时,都找不到证据。到这个时候,运动应该停了。我到昆山以后,看到这个情况,我就跟大队组领队说,"差不多了"。他说,你要站稳立场,我说我没问题。这个时候上级领导也宣布要停了。因为我去查账的时候,有一些他交代几月份贪污多少,都查得出来,有存根的。有一些他交代说贪污多少、多少,一查没有,那个时候查,都没有了。我说该停了,后来正好上面指示应该停了。

这样"四清"结束后,他们给我写了鉴定回来,说我已经申请入党够格了,就这样给我写的,那就是表现比较好,因为他们那个水平比较高。在邢台那地方,逼得挺厉害的,就是"桃园经验",是极"左"的,"亩产千斤"什么的。现在讲科学,亩产千斤都没问题。那个时候可是亩产才几百斤,要按照亩产千斤的水平留口粮给我们吃饭,另外都要卖余粮,要卖给公家。老百姓那个阶段也确实很苦的,"假大空""冒进""十年超英、二十年超美",当时那些极"左"的口号是违反科学的,所以后来我们说要讲科学。

从云南回来以后搞"四清","四清"以后接着是"文化大革命",一直都是很"左"、很"左"的。"文化大革命"初期,全国"大串联"的时候,来串联的人就是白吃、白喝、白住。我们学校把教室地上都垫上稻草,来串联的学生就睡在地上,吃饭也在学校吃。"大串联"之后是清理阶级队伍,审查每个人的历史。这个时候我们系有一个毕业留校的学生,平日挺老实的坐在边上,开会都不怎么说话,看起来特别老实,业务也非常好,画得也很好。他跟我们系的极"左"的支部书记程×,去人事科,去查人事档案,历史上有一点问题,他就给你添油加醋,贴大字报,把名字画上红色大叉。结果我们20多个老师,也有我,被打叉,划到劳改队,叫作"进牛棚"。在那劳改,不许回家。

我是因为三件事。那时候16岁在地政班,毕业的时候,每个人发你一张表,说以后不是国民党员就不能当公务员,叫大家填个表,我就填了那个表,这是一件事情。另外一件事,到龙游县的时候,那个时候年轻,龙游县的一些女青年去唱绍兴戏、演绍兴戏,这是"三青团"①组织的。当时年轻,我18岁,那个时候看人家交女朋友,我说到"三青团"也许可以交交女朋友之类的,就说我也参加吧,实际上什么活动也没参加。那是国共合作的时候,几个月后我们就调开龙游,到杭州去了。接着是1947年,那

---

① "三青团",系国民党下属的青年组织。

个时候我到杭州了，国民党有行政人员考试，叫县行政人员普通考试，它就是大专学校毕业或者同等学力可以参加考试。我就写了一个证明，因为地政班是高中办的，实际上只有半年时间，毕业后工作三年以上，我就写了个同等学力去报名，报上了。当时浙江省是八个考区，有上千人报名，我考了一个超等第一名，全省就一个超等。

这三件事情，到"文化大革命"，他们就把我关到牛棚，要我交代。交代什么？因为这些事过去都已经交代清楚了，已经有结论，是一般历史问题。那时对干部历史问题结论，分一般历史问题、一般政治历史问题，然后是严重历史问题和历史反革命。我是一般历史问题，不算政治问题。到这个时候就瞎批判了，说是参加过什么"应变会"。根本没有的事。因为我原来从浙江过来，浙江那边我当过学生会副主席，"应变会"是在1949年前的事情，我是1949年后进校的。因为当时我是学生会副主席，就说我也是"应变会"成员。浙江美院有人交代，说这个"应变会"是蒋介石留下来搞应变的，是李宗仁主持的，后来李宗仁到台湾去的时候，坐了飞机在杭州上空转了三圈走了。都是瞎编的，根本没这样的事。叫我交代"应变会"，我说没有这样的事情。

当时我爱人乳腺癌手术后没多长时间，小孩才三岁，她还要上班。我不交代，结果要我爱人到学校来动员，叫我交代。当时是什么方式呢？先开批判会公布材料，然后让你按这个材料承认了，才允许回家。因为我爱人一个人在家，所以我没办法。我说："那就你怎么批判，我就怎么承认，反正当时相信群众、相信党的，最后会纠正的。"所以当时瞎批判的人，说你是反革命、特务，瞎批判。到后来，定到严重政治历史问题，最后又平反。因1953年审干时给我的政治结论是一般历史问题，所以在"文化大革命"中，把历史进一步搞清楚才入的党。因为我爱人那个阶段得乳腺癌，那个时候住院要讲成分的，要是成分不行，把你从医院赶出来。她住院以后要动大手术，工宣队才放我回去到医院照顾她。那个阶段是最艰苦的一段时间。

"文化大革命"后期,说"应变会"之类的根本没有的事,也不知道从哪来的?李宗仁坐飞机在杭州上空转了几圈,都是瞎编的,很可笑。比方说1966年叶群在北京针织总厂下厂,他们就发明了"早请示晚汇报",那个东西都非常可笑。我们下到农村帮助麦收,割麦子的时候,看到农民听到钟声一响,有的在做早饭,就马上放下,一起去拿小本子,去"早请示"。在工艺美院有一个工人,身体很壮的,在批斗会上的时候,老是叫人家做"喷气式",把脑袋摁在下面,让他交代,这样挺厉害的。到吃中午饭的时候,他说:"早请示晚汇报,不是跟以前拜灶君菩萨一样嘛。"他的同事听到了,马上到工宣队去汇报,下午他就被揪出来做"喷气式"。在20世纪中国还出现这样的事情,实在是非常可笑的。

到"文革"以后,后来不是又叫"五一六"了么,原来是"左"派整右派,现在"左"派都是"五一六"分子,又换成右派来整"左"派。就下放到农村的部队里头,我们是下放到石家庄,在部队农场劳动。到部队开始很严格,其实管我们的都是新兵,他们经过训练,说这些知识分子都是敌人,(对我们)特别严。开会的时候,你要去上厕所小便都得请假,特别厉害。每天都是揪"五一六"。有一次开会,一个原是右派的学生,叫一个"左"派的学生交代问题。那个"左"派学生交代问题,先是瞎编,到后来,有一天一句话都不说了,怎么问他、怎么整他,他都不说话。后来部队的领导就找他,问怎么回事?他说:"现在来整我这个是我的领导,他是'五一六'的领导,我们'五一六'是单线联系、单线发展的,我就是他发展的,如果我说了,他就要害我性命的。"其实都是瞎编,根本没这样事,结果下午就把整他的那个人作为对象,又关起来了。所以这是一场笑话。

我的同事李绵璐,后来当副院长了。他的爱人病了,写信给他,那封信我看了,开始名字"绵璐"两个字,最后她自己的名字叫仲芳,这写的是字,其他的内容都是点点子,光是点点子,没有字。看到那个情况,当时部队还不允许他回来。我是因为当时小孩盲肠炎,粘连了,粘连以后挺危险了,后来在儿童医院做手术。结果我们学校的留守处和文化部都给部队打电话,让我回北京,我就回来了。部队接到电话,就批准了。本来我当天可以回来,但连队里就压到晚上九点以后,没有火车了才通知我,说可以回去三天时间。结果我是连夜从连队走四十里夜路到石家庄,没有到北京的车,就一段、一段的,有车就上,这样就赶到北京。到北京,儿子是盲肠炎,我爱人又是风湿性心脏病,又是乳腺癌,在很困难的情况下,这个孩子到第三天还没有出院。到第三天的时候,原留守处给部队打电报,给我再延长两三天回去。结果晚上就接到部队来的电报,说限第二天六点钟以前回部队报到,如果过了六点钟,就一切后果自负。开始的时候特别的严格,整知识分子整得非常严。后来林彪事件出来以后,大家都不听话了,部队怎么说都不听了。

在这中间,因为我们国家第一次出国文展,文化部对外文委第一次组织国家的文物到国外日本去展览。1972年马王堆①出土了很多丝绸,当时他们没人分析,就把我提前调回来,分析马王堆出土的那些织绣品,这样我就提前回来了。

在这个时候,全国一些文物局、文化局还有博物馆,他们有文物参加展览的,都来人到北京,在故宫的武英殿一起参加分析,做出国展览的预备工作。我是在那里分析马王堆出土的丝绸,所以全国一些博物馆就知道我会分析古代的织绣文物。所以凡是有出土丝绸文物的省份,都寄小标本到我家里,叫我给他们分析。有的人碰到这种机会,他就把分析的结果,自己写文章在报纸上发表了。我是从来不写文章,把原件以及分析的结果寄回去,让他们自己去发表文章。这样像过去一些博物馆,他们知道我比

---

① 马王堆汉墓是西汉初期长沙国丞相利苍及其家属的墓葬,位于湖南长沙市。墓葬内的随葬品十分丰富,共出土丝织品、帛书、帛画、漆器、陶器、竹简、印章、封泥、竹木器、农畜产品、中草药等遗物3000余件。此外,墓葬中还出土有保存完好的女尸一具以及中国迄今所能见到的最早的方剂书籍帛书《五十二病方》。马王堆汉墓的发现,为研究汉代初期墓葬制度、手工业和科技的发展及长沙国的历史、文化和社会生活等方面提供了重要资料。

较讲信用，所以后来我写书，需要什么资料，请他们帮忙，他们马上把材料都寄给我。我写那些比较大的书，主要是因为大家都信任我，才有这样的结果。

到1973年，学校全部从部队回来了。回来以后还是不上课，停课在那没事。原来北海公园有一个美工是我们学校毕业的，他一个人工作忙不过来，请学校派人去帮助，学校就派我去了。就派我到北海公园五龙亭的后面，说搞一个中草药药圃，做养生的，是给江青服务的。我在北海公园那里，大概有一年多的时间帮忙。那个时候北海里头不让人进去，都封闭的，每个月可能江青要去一趟，还有一些中央的领导要去一趟的。在中午下班的时候，因为没人，我就在北海画风景，所以北海的一些风景画，都是那个时候画下来的。

这个工作回来以后，学校还是不上课。因为我们原来那个老师庞薰琹教授，他1949年前在中央研究院跟夏鼐[①]教授，就是后来考古研究所的所长，他们两个是同事，办公桌面对面靠在一起上班，这是庞先生给我讲过的。那个时候全国的图书馆都封闭了，没法看书了，我就找庞先生。我说："庞先生，你给我写一个条子，我去找夏鼐先生，因为他们考古研究所的图书馆是开放的，没有封闭。"庞先生当时因为被批斗，身体不好。他很热情，他说："那我亲自陪你去。"他就拿了一个拐棍，我就扶着他坐公交车，到王府井考古研究所去找夏鼐先生。夏鼐先生说："我们门口这个图书馆要办借书的手续，里头还有一个内部的阅览室，是完全公开、开架的，你可以随便看。"他就给我一个卡片，可以作证明，我就每天到那里去看书。因为工艺美院古代的文献很少，它是专门搞画画的，所以那个时候在考古所

---

① 夏鼐（1910—1985），原名作铭，浙江温州人。考古学家、社会活动家、中科院院士，清华大学历史系毕业。1949年后中国考古工作的主要指导者和组织者，中国现代考古学的奠基人之一。荣获英国学术院、德意志考古研究所、美国全国科学院等七个外国最高学术机构颁发的荣誉称号，人称"七国院士"。

内部阅览室看了一年多书。我后来写书的一些资料,很多是从考古研究所得来的。

接着,回到学校以后,又是"批林批孔",学校又派我到北京玉器厂,跟北京师范大学联合搞"批林批孔"。那么我每天要到北师大,北师大有一个教师的阅览室是公开的,可以随便看,又在北师大看了一年多书。后来写历史方面的书,就靠这两个阶段看了很多书。

8. 复刊《装饰》杂志

部队回来以后，学校里头还不是很正规，当权的还是"左"派。但是，当时张仃教授已经解放了。解放以后，宣布让他当院长。我们学校原来办了一个杂志，叫《装饰》杂志，这个还是挺有名气的，在"文化大革命"时期停刊了。张仃当院长以后，他就下命令把《装饰》杂志复刊，同时他写了一个条子："叫黄能馥去参加复刊工作。"当时都是兼职的，没有专职的编辑，就是几个老师在那里编。一共三个老师，一个是我，一个是梁任生，还有一个是王家树，我们三个人编。这一期你负责，下期他负责，这样轮换。

但是，那个时候稿子非常多，因为这个杂志原来开始办的时候，就规定是图七文三，以图为主，或者是图六文四，因为是艺术院校嘛。这个时候稿子特别多，好多文章也特别好，登不下。我就另外办了一个杂志叫《工艺美术论丛》，把好的文章都登在《工艺美术论丛》上，那些带图的就登在《装饰》杂志上。

我在那里一共办了两年多时间，《工艺美术论丛》是我主编的。办到第四期的时候，学校的领导班子，有一个原"革委会"的副主任，就是毕业留校，在"文革"时和人事科一起整老师的那个极"左"分子，他是"左"派，他来管了。原来我们在《装饰》杂志当编辑，都不挂名的，都没人挂名。他那天来找我。他说，他跟李绵璐副院长两个人当主编，挂名，叫我挂副主编，但是一切该怎么办，完全交给我来负责。因为这个人原来是我们染织系的一个学生，他平时看起来很老实的，业务也很好。但是"文化大革命"里头，他跟人事处一些人去查档案，老师过去要有一点问题，他就添油加醋地贴大字报，而且每个人的名字是用红笔打叉，这样公布出来。当时还有工宣队在那，这些被公布的人，就全打到劳改队去了。这样，他来找我，我想我不能跟这样的人一起工作。我说："你来了很好，你们年轻人嘛，我是来帮忙的，你来了我就放心了，我就回去了。"第二天，我把我的办公桌就搬回系里去了。结果副院长李绵璐来劝我，劝我别搬走。我说，人不能跟狼在一起工作。我就搬出来了，一直就没回去，就这样离开了《装饰》杂志。因为这样的事情，学校对我有点意见了，也不好直说，所以社会上有人找我，他们就不让我去见面。这是1980年的事情。

9. 定陵出土文物的保护与复制

到1982年，我那个时候住在工体北里，就是工人体育馆那个地方，是故宫博物院的宿舍，我住在二楼。有一天在吃中午饭的时候，我还端着饭碗，忽然有一个人敲门进来了，进来就说："你马上放下饭碗跟我走。"我也不知道怎么回事，只好跟着他走。走到楼下，一辆小汽车等在那儿，说："你赶快上车。"一下就把我拉到中南海怀仁堂。原来怀仁堂已经在那开会了，是全国的文化局局长、博物馆馆长，跟国务院出版局、文物局、文化部三个单位开会，是这三个单位主持的会，就是要编《中国美术全集》。

当时说一些老先生年岁大了，现在趁这些老先生还在世，我们把美术传统给它继承下来，这样决定编《中国美术全集》，一共是六十集。六十集里头，叫我主编两集，印染、织绣这方面，叫我主编。他们说："你先做主编，以后我们再通知学校。"就是之前他们没有通知学校。因为要是过去找学校，学校有一点排挤我。我以前一直是助教，当了三十多年助教，这样从那以后，等到《美术全集》第一集，我这个《印染织绣》上册出来，就把我提升为副教授。再隔了两年，下册出来了，就把我提升为正教授了，是这样一个过程。从这个以后，也没人拦我了，他们也拦不住了。

1981年，对外文委（对外文化联络委员会）到美国跟加拿大去办中国

三　在中央工艺美术学院任教

古代传统技术展览①，科学院请我去当纺织方面的专题顾问。我帮他们定了计划，然后到四川成都买了一台蜀锦的织机，拿出去展览了。这个蜀锦织机就是提花机，底下一个工人在那织，上面有一个提花楼，坐着一个人提花，所以很高、很大的，外国人看了，特别奇怪。这次展览原来说半年就回来，先在加拿大多伦多展览，但是美国芝加哥、西雅图、亚特兰大、波士顿这些城市都要求去做巡回展览。后来，经过好几年以后，才回到中国来，很受国际上的欢迎。

在1982年到1984年这个阶段，北京定陵博物馆出土的那些文物要定级，是一级品、二级品还是三级品，要定级的。因为我爱人陈娟娟在故宫，就请她去做鉴定，这个时候同时请我一起去。去了以后，我看到那些定陵出土的东西颜色全变了，已经统统变成咖啡颜色。另外，你不能碰它，有一些一碰，就碎掉了。这是为什么？原来因为中国跟苏联是一边倒，苏联"老大哥"，有一个苏联专家说："出土以后，你们用有机玻璃溶化以后喷上去，可以把文物保护好。"结果喷上有机玻璃，干了以后，一碰就碎了，脆了。这个当时也没有做事先的试验，除了一些整匹的匹料拿到故宫去装裱，就后面裱上一层宣纸，这样保存之外，其他都喷上了。喷上去以后颜色也变了，都脆了。

看到这个情况，我就提出来，我说："最好的办法，就是复制这些文物。"因为我跟南京云锦研究所、苏州刺绣研究所都很熟。我说："现在有条件给它复制，用科学的办法来复制，复制以后文物原件就可以保存，不让它拿出来了。新复制的可以恢复明朝的那种风采，可以公开展览。"这样，定陵博物馆的书记姓林，林书记，他同意了，我就去联系。我请了南京云锦研究所的所长汪印然，苏州刺绣研究所的所长顾文霞，请他们到北

---

① 中国古代传统技术展览会，是经国务院批准的我国历史上首次出国展出的大型、综合性传统技术展览会，经过中加双方两年多的紧张筹备，于1982年4月30日晚在加拿大第一大城市多伦多的安大略科学中心开幕。

1986年，苏州建城2500年，与苏州刺绣艺术博物馆馆长顾文霞、副馆长李文娥合影（前排左一陈娟娟、左二李文娥、左三顾文霞，后排右一黄能馥）

京，在定陵研究怎么复制。后来决定万历皇帝的龙袍料，由南京云锦研究所去做，就是妆花纱的，透明的、透亮的，龙是用孔雀毛织出来的，所以花是特别明显，底子是透亮的。但是这复制工作很难，一共是60多米长一匹匹料，可以做一件龙袍。他在南京做提花的花本就很沉很重，要60多公斤重，所以那工程很大。那个金线，当时黄金是国家统制的，要特别申请中央银行拨黄金给他，到南京采石矶金线厂去做金线。

有很多工序，把那黄金锤打得很薄，最后黄金打到很薄、很薄的时候，工人要戴口罩的，要是一喘气，黄金都飞起来了。先做成金箔，然后再切成金线。另外，丝线是什么颜色？当时看那咖啡颜色里发红光的就是红颜色，有一些比较发蓝的、有一点冷的那种颜色是绿的，因为从边角折起来的地方打开来看，那个颜色是什么颜色能看出来。完了以后，陈娟娟到故宫找明朝织绣品，红颜色线拆下来，绿颜色线拆下来，各种颜色的线拆下来以后，拿到苏州跟南京去染。染完以后，送到北京来。看看对了，回去织，织出来。织成小样再送来，送来一看又不对了，因为织了以后，反光、折光的作用，颜色又不对了，又重新去改、重新染，所以是很复杂的。做了几年以后，做成功了。

做成功以后，南京妆花纱织金孔雀羽的袍料，得了工艺美术精品的金杯奖。苏州做的是一件缂丝的龙袍，也是得了工艺美术百花奖。这两件都得金杯奖了。还有一件是孝靖皇后①的一件衣服，上面绣了一百个儿童——百子戏女衣②，得了科学进步奖。都得奖了。

这样做了一个复制的工作，一个中国的传统技术到国外展览的工作，这几年就做了这样一些工作，因为那个时候上课也比较不正规。

---

① 孝靖皇后（1565—1611），王氏，宣府都司左卫（今属河北张家口怀安县）人。明神宗之皇贵妃，明光宗生母。其孙明熹宗登基后，追封她为皇（太）后。
② 百子，历来是中国吉祥话（画）的题材之一，意喻多子多福。百子图案的衣饰主要用于新嫁的女子。

10. 筹建丝绸博物馆

中国丝绸博物馆

到 1987 年的时候，在杭州筹建中国丝绸博物馆。丝绸博物馆是这样，因为在"文革"以前，1961 年的时候，周恩来总理在北京一次宴会上讲，他说："我到国外去，看到人家有他们的服装博物馆，还有服装史之类的书。我们国家历史那么悠久，而且我们是丝绸之国，什么时候能看到中国的丝绸博物馆跟中国的服装博物馆？什么时候能够写出一本中国的丝绸史？我们出国的时候，可以带去作为礼品送人。"这个时候，文化部副部长齐燕铭，他就说这个事沈从文能做。周总理说："好，那就交给沈从文吧。"这样，沈从文先生 1962 年就开始写《中国古代服饰研究》这部书。写到"文化大革命"的时候，写完交给财经出版社去制版了。结果碰到"文化大革命"，就停下来了，财经出版社制的版也给红卫兵抄走了，所以到"文革"以后重新再写。他原来 1966 年就写完第一稿。"文革"以后，胡乔木同志调到社会科学院当院长。这个时候沈从文先生在历史博物馆，但是他整天不在博物馆上班，人家也不太理解他，他工作比较困难一些。这样，后来胡乔木就把他调到社科院当研究员，给他配了助手，胡耀邦同志给他分的房子，这样让他重新写。重新写完以后，再出版，出了那部书。

周总理 1961 年就提出来，要办丝绸博物馆与服装博物馆。"文革"以后，浙江省委对这个很重视，他们就联系到国家旅游局。当时国家旅游局有经费投到开发旅游路线，杭州准备在玉皇山，就是西湖的南岸，那边1949年前没有什么设施的，在那个地方开辟一条"丝绸之路"，是那么想的，另外在那个地方办一个丝绸博物馆。他们大概也是查了什么，不知道他们怎么打听到我，就来了几个人，请我去当筹建处的总顾问。1987年，我去当筹建处的总顾问。

那个时候，因为经费是国家旅游局有这个钱，另外省里也给投了钱，所以就建了。但是经费还不够，要去筹募经费，这样组织一个杭州的丝绸出国展览，到新加坡。到新加坡的时候，正好是1987年闹学潮。我们准备出发的时候，那一天我从杭州回到北京，准备从北京坐飞机到新加坡去。结果到北京火车站的时候，已经开始闹学潮了，就出不来了。那时我已经住在红庙了，当时有一个拉三轮平板车的人，他说："我可以把你送到红庙，你给我四张钞票。"四张钞票就是40块钱，那时候40块钱已经是很多了。看到那个形势，我就给他40块钱，他就把我送回家了。第二天，我们就到新加坡去了。到了新加坡以后，街上年轻人看到我们，就把我们围起来，跟我们辩论，"你们为什么不让年轻人上来？"我们说："我们是艺术家，这些事我们不知道，也不管，放我们走。"碰到中年以上的华人，都说："希望祖国强大！祖国强大，我们说话都有力气了，腰杆也可以直得起来了！希望我们国家能够平静，不要出事。"年纪比较大的人都是这样讲，年轻人就是起哄。结果那个在新加坡的展览，丝绸就卖不出去。当时印度的丝绸也是很厉害的，许多人都买印度的。

我们出去之前苏州刺绣博物馆曾给故宫复制乾隆皇帝的一件朝服龙袍。他们复制的时候，自己在苏州留下一件，给故宫一件。因为我跟他们很熟，就商量，是不是你们留下的这一件给杭州丝绸博物馆？因为丝绸博物馆没东西，他们就同意十万块人民币，卖给丝绸博物馆，这件衣服带去展览了。在新加坡展出第二天，有一个印尼华侨说："我出十万美金买这件衣服。"那个时候团长是要卖这件衣服，我说："不行！你要卖出去，我就跟你拼命！"

因为这件我好不容易给弄到丝绸博物馆来,所以后来就没卖,带回来了。带回来以后,很长一段时间,这件衣服当作丝绸博物馆的镇馆之宝。

另外,我爱人因为在文物界已经很熟悉了,她就在北京买了九件清中期的服装,才花了一万块钱,那个值几十万的。我把这九件衣服送到杭州。丝绸博物馆建馆的方面,我做了两件比较重要的事情:一个是那件龙袍,十万块钱买的,到新加坡人家给十万美金也没卖掉;另外一个,就是值几十万块钱的九件衣服,给丝绸博物馆只要一万块钱。

苏州丝绸博物馆和刺绣艺术博物馆

在杭州建丝绸博物馆之前,苏州有一个钱小萍[①],她是一个设计师,原来设计丝绸品种的,后来当了厂长。她到北京,到我家来,说她想在苏州开发传统的丝绸品种。苏州我很熟,因为20世纪50年代初,我看到苏州传统品种很多很多的。有些东西在别的地方没有,苏州有,像丝绒,双层的丝绒,有一些用金丝织进去,金彩绒,苏州都有,别的地方没有。那个时候我也不知道杭州建丝绸博物馆,我就跟钱小萍说:"周总理在1961年讲过:什么时候看到中国的丝绸博物馆?因为苏州传统品种很多,你是不是可以在苏州搞一个丝绸博物馆?"钱小萍听了很高兴,回去以后要办丝绸博物馆。她开始问我怎么办,说没东西。我说:"你借传统的丝绸提花楼织机和用来研光丝绸的元宝形石头压光机,织好以后压光的。它是用很大的元宝形的石头,一个人站到上面去踩,上面有一个架子扶着,那么踩、压,

---

[①] 钱小萍(1940—),女,江苏武进人。高级工程师,国家级丝绸专家,全国茧丝绸行业终身成就奖获得者。1984年,她在苏州市政协七届二次会议上,正式提出创建苏州丝绸博物馆的具体设想和提案,1991年,苏州丝绸博物馆正式对外开放。1995年,成立了中国第一家丝绸织绣文物复制中心。2006年,被评为非遗宋锦技艺的国家级传承人,著有《中国宋锦》一书。

元宝石压着丝绸来回滚,滚来滚去。人家看着特别好看,拿这些东西。"另外我临摹的一些图样借给她,她就在苏州搞了一个展览筹钱,她是想筹建中国丝绸博物馆的。可是杭州步子走得非常快,因为省政府支持,所以非常快。苏州喊来喊去,呼呼来呼呼去,只有个人支持,所以进展特别慢。后来杭州丝绸博物馆建起来了,钱小萍那里还在筹备过程当中。最后杭州就成为中国丝绸博物馆,而钱小萍办了一个小型的,叫苏州丝绸博物馆[①]。

另外,苏州同时办刺绣博物馆。顾文霞[②]原来是刺绣研究所的所长,也是工艺美术大师,她跟我们关系都非常好。她跟我讲,她要办刺绣博物馆,问我该怎么办?建馆报告就是我给她写的,后来他们也办起来。所以苏州办了一个苏州丝绸博物馆,一个苏州刺绣艺术博物馆。这些博物馆跟我从开馆到现在,一直关系都非常好。在这个阶段,社会活动我就是做这些,别的也没做。

中国服饰博物馆

在杭州丝绸博物馆办好以后,本来杭州那边想留我,杭州总公司给我一套三居室的房子。那个时候北京买吃的,买菜、买肉,都还比较困难。在杭州特别丰富,那活鱼什么的,北京根本看不到,而杭州什么都有。但是我接到电报,纺织部发来的,说在北京准备办中国服饰博物馆,叫我回

---

① 1986年9月苏州建城2500周年之际,苏州丝绸博物馆在北寺塔藏经殿和观音殿内举办了"苏州古今丝绸陈列"。1989年10月28日苏州丝绸博物馆先期在桃花坞唐寅祠内正式开馆,是为我国第一个专业性质的丝绸博物馆。
② 顾文霞(1931—),女,江苏吴县人。高级工艺美术师,中国工艺美术专家。1945年跟随母亲学习刺绣。1954年8月在苏州市文联刺绣小组工作。1965年10月后担任苏州刺绣研究所副所长、所长兼总工艺师,1986年11月创建中国苏绣艺术博物馆,任馆长、总工艺师。为中国工艺美术学会副理事长。1999年6月退休。2001年建立顾文霞大师工作室。

来当总顾问。这样我为了事业,就放弃了杭州的条件,回到北京。刚到北京,纺织部把建中国服饰博物馆任务交给中国服装研究设计中心,交给他们办。当时他们一个副所长来接我,到新街口那里有一家新开的海鲜馆,叫黎昌海鲜大酒楼。当时可能花很多钱,吃的大龙虾,我是第一次吃大龙虾。在服装研究设计中心上班,地址在工人体育场一个地下室。后来要办具体的事情了,我给他起草了建馆报告,另外还有陈列的内容计划,又请了顾问团,都组织起来了。可是要买文物,他一分钱都不出,动不了,耗了一年多快两年,他一点动作都没有。就是请客吃饭能花钱,做这些具体事情不肯花钱,没办法。因为我主编《中国美术全集》,从全国拍回来刺绣、服装的彩色照片,我跟文物出版社商量。文物出版社说,我来给他买,80块钱一张就卖给我。可是我打报告,他们就不批,后来就动不了。没办法,学校也要上课了,这件事就不了了之。为什么没有成功?官僚主义嘛。根本没动,做事情领导很关键。领导根本不动,你推不动,那怎么办啊?所以就吹了。筹建中国服饰博物馆,就是这样子。

1987年受聘为中国丝绸博物馆筹建处总顾问,在丝绸博物馆工地与总建筑师进行工作交流(左黄能馥)

四

继续办学

1. 中国书画函授大学

1988年，我在工艺美院退休了。因为当时我编了《中国美术全集》中的两册，那个时候中国出那么厚的、精装的、大型的学术著作是很少见的。我记得到新加坡去展览，给丝绸博物馆筹经费的时候，就有新加坡的两位青年捧着我那两本书来找我。当时已经有英文版，在新加坡可以买到。他们问展览会工作人员，说写这两本书的人能不能见到。他们说："他就是我们的顾问，现在正在这里。"于是她跟她爱人，她爱人是外国人，她是中国人，捧着两本书叫我签字，说这本书是中国印的，还是外国印的？我说这是中国印的。他们说："中国能印那么好的书！"都非常高兴。

当时这两部《中国美术全集》出来，在国内国外影响都很大。书画函授大学他们也看到这本书，他们当时的校长是煤炭部的副部长退休下来的，叫张超。他就到我家来，说叫我去当副校长兼实用美术部主任，说工艺美术现在是很重要的一个部门，希望我去办这个。我退休出来以后，我想可以继续办学，我就答应了。答应去了以后，这个学校是由中国老年书画研究会主办的，这个主办单位在北京市教委有登记。当时形势非常好，全国有80多个分校，每个省市几乎都有分校。分校都是地方的一些领导退休下来的，或者是人大常委会主任当校长，所以学生就很多。

四　继续办学

当时是有三个部：一个是绘画部，绘画部由阿老[①]跟姚治华他们两个当副校长；还有一个书法部，是由欧阳中石当副校长；实用美术部是我当副校长。因为这个学校是函授，就是编了教材寄给学生，这样为主。大概多长时间以后授课呢？比方一个月或者两个月，做一次面授的辅导，毕业以后可以发给大学文凭。当时因为找工作要文凭，以前学校毕业是分配工作，现在是不分配，所以学生就非常多，全国在校学生达到八万多人。

当时实用美术部刚办，要编教材，这样我就请中央工艺美术学院，还有中央美术学院的老师来编各种各样的教材。当时一共计划是编30部教材，这样我就请他们来。教材要印刷出版的话，要投资的，因为原来我是浙江美院那边过来的，所以浙江美院都很熟悉。浙江美院当时有一个浙江美术学院出版社，我就跟他们出版社联系，教材由他们来出。出来以后他们可以随便卖，也不要发稿费，稿费我们发。教材出来以后，书画函授大学每一种教材买一万本，按五折的价格卖给我们。这个合同定下来以后，因为也不需要投资，而且教材都是中央美院、中央工艺美院的教授们编的，可以保证质量。我是1988年去的，大概两年以后，这个教材有一些已经写完了，就出来了，有一些写了一半或者三分之一，没写完。

因为书画函授大学原来规定，要给主办单位老年书画研究会每年交一些钱，老年书画研究会经费来源就靠这个。这个时候，学生越来越多，要求交上去的钱也越来越多，这样函授大学的校长张超就不干了。他说："这样的话，我要宣布脱离老年书画研究会。"正在这个过程里头，老年书画研究会听到这个消息，就下了一个命令，撤销张超校长职务，校长由当时民政部的副部长王国权来担任校长，我们还是当副校长。其中有一个张××，

[①] 阿老（1920—），又名老宪洪，广东顺德人。擅绘画。中央工艺美术学院基础课教授，中国美术家协会会员，中国老年书画研究会副会长，中国书画国际大学董事局名誉主席、学术委员会主席。主要作品有《全中国儿童热爱您》《跟随毛主席长征》《延边鼓舞》等。

他原来是核工业部的办公厅主任，他当常务副校长，所以一切事情由他来决定。结果张××背着我，也没有通过会议，他就给浙江美院的出版社去电报，撤销出版合同。这下子把我就弄得很被动了，因为我一辈子从来没骗过人，这一次把同事都欺骗了，当时很着急。他们来找我谈的时候，我就不跟他们谈，我说要谈就得校长王国权亲自到我家来，我跟他谈。王校长真的到我家来了，这样我就跟他商量。我说："教材已经全编完了的，给他们稿费。二分之一的，给二分之一的稿费；三分之一的，给三分之一的稿费。"王国权校长都同意了，这样把这个问题解决掉了。但是教材没有出得那么全，就出了十来种教材。

这个学校刚开始的时候形势是非常好的，所以中央有许多领导同志都给这个学校题词，鼓励这个学校。有一个学员是书法系的，他刻了一颗图章叫《国际歌》，把《国际歌》全刻出来了。江泽民知道这个事，他马上给那个同学写了一封信鼓励他，所以这个学校其实中央领导或者地方的高级领导都特别支持。

这个学校当时确实办得很好，因为那个时候开始，高等学校毕业生要自己找工作了。我们毕业的时候都是国家分配的，而这个时候开始，毕业生要自己找工作。因为是刚开始，所以学生也是人心惶惶，才到二年级就坐不住，就到外面找工作去了。在工艺美术学院，当时二年级、三年级的学生，上课时候基本上就没人来听课，都出去找工作了。工艺美院的老师看到这个情况，心里也是很不安，要去上课没人听课。这个时候因为我管实用美术专业，我就跟函授大学的校长说："书法系跟绘画系都是一些年岁比较大的退休老干部啊这些人，他们不需要再找工作了。实用美术系都是年轻的学员，年轻学员光靠函授，有一些光从书上讲，讲不清楚，有许多技术性含量比较高，最好是要面授。"这样，当时张××就同意我办面授。我就借了一万块钱，在十里堡租了房子，在那招生。学生也是不错，有80来个学生。因为我们面授，老师就请工艺美术学院的老师。因为十里堡离光华路很近，工艺美院的老师去上课很近。这些学生因为考大学没考上，现在大学老师来授课就非常高兴，听得很认真，非常认真。这样使去讲课的老师非常感动，所以老师都是特别认真地给他们讲课、辅导，学生的成绩也很好，学得非常扎实。有时候工艺美院有大课，老师就到我们办的这个学校，把学生领到工艺美院去，把他们安排到前排座位听课。这样学生也很感动，所以成绩很好。这学校还挺有名气，根本不用分配工作，学生没毕业有许多单位都来找，说"给我们几个学员吧"，当时情况非常好。

2. 北京现代实用美术学院

函授大学原来属于中国老年书画研究会，闹分裂以后，常务副校长一方面背着我把教材撤掉了，又背着我不让我办面授班了。因为开始教第一批学员的时候，我记得是五一劳动节。五一劳动节学生出去玩了，有两个女生在北海公园一棵大树底下坐在那聊天，聊完以后走了，把书包落在那棵大树底下了。也是那天晚上有一个女孩子在北海溺死了，当时以为她是我们的学生。当时还归函授大学管，函授大学另外一个副校长是当时军委办公室主任赵宗和少将，他是将军。听到这个消息以后，马上成立一个专案组来处理这个事。结果第二天，他到学校来找我，说那个学生出事了。我说：没有啊，这个学生正在上课呢。原来她是忘了把书包带回去，是这样的事。所以一开始，第一期的时候，办学校也是比较复杂的，第一届就出这样的事。其实没事，恐慌了一阵子，出了人命那种，幸亏不是我们学校的。当时还是归书画函授大学管的，后来因为出了这件事以后，那个常务副校长不让我们办了。

当时我们没办法，因为学生上了一半，你怎么停办？叫学生走吗？不行啊！我们就向北京市教委请示。市教委的人说："你们就脱离函授大学，自己办一个学校，不要跟函授大学发生关系。"当时就取名为"北京现代实用美术学院"，是民办的。这个学校也是租房子的，后来租的是北京商学院的房子。因为当时家里我爱人生病，先是风湿性心脏病，接着又是乳腺癌，她身体很不好，这样我就没办法盯着学校。又请了另外一个崔栋良老师，在那盯着，我就挂名叫名誉校长，没有去当校长。这个学校后来还是办得很好的，一直到现在这个学校还存在。但是我是很早就不管了，因为家里离不开人。所以办函大的事情，基本就是那么个情况。

五
著书立说

1.《中国服装史》

因为办现代实用美院已托人家在那里办,办服饰博物馆又没办成,我想有房子不能算了,这个房子可以当博物馆用,也可以当别的用。但是博物馆陈列的内容不会变的,办博物馆最主要的不是房子,而是陈列的内容。服饰博物馆现在虽没办成,将来可能会再办。我想还是博物馆的"软件",也就是陈列的内容,把它编出来,将来可能还会有参考价值,沈从文先生一直也是想这个问题的。另外,他写《中国古代服饰研究》那本书,因为是 20 世纪 70 年代,出土的东西还不多,沈先生也认为这个光靠文字说不清楚,服装靠文字怎么说清楚?颜色你说是红的,但红的又有各种各样的红,绿又有各种各样的绿,花纹这些都讲不清楚,必须看实物、看图片。原来沈先生他写那本书的资料很少,他想再写一本,但是后来就病了,没写成。我想,因为沈先生有这个遗愿,另外如果将来办博物馆也需要这个,这样我就下决心跟我爱人一起写书。

开始写了一本《中国服装史》。材料是从学校上课时不断积累的,我原来在染织服装系教染织纹样史,从很早就一直注意这方面的材料。原来是染织系,后来办这个服装系的时候,工艺美院先办了一个服装设计的老艺人研究班，为服装系做准备。这个研究班由三个人负责，一个是袁杰英[①]，一个是白崇礼[②]，一个是我。从那个时候开始，我就注意收集。因为沈先生也是看到什么材料，都叫我去看，我爱人一直是在故宫织绣组专门搞服装织绣，所以说材料我们几十年下来一直准备着，没放松过。所以写这本《中国服装史》，我还是有充分把握的。这部书我们写的时候，当时房子两室一厅，一间房子我跟我爱人住，一间房子儿子住，一间客厅，厅是很小的。因为我爱人身体不好，老在家里，当时来采访的人特别多，白天基本上客厅是要给她留着用的。我白天，一方面，比方给她买药、做饭、洗衣服，就没时间写作。晚上等他们都睡着了以后，我不敢打搅他们，我就在晾台上写。这个晾台当时是露天的，很小的一个晾台，我们住在三楼，我拉出去一盏电灯，在那晾台上写，不打搅他们。夏天特别热的时候，穿一条裤衩，坐在晾台上写。冬天穿着棉衣，冷得不得了，脚都特别冷，就拿棉被垫在底下，因为露天的嘛。每天都写到半夜，这样差不多一年多时间下来，写完了以后，去体检的时候，血压一下就高上去了。

经过一年多的努力，一些材料是我爱人准备的，我写文字、画插图。后来这部书出来了，当时中国服装史材料那么完整还是没有的。因为沈先生那个时候也只是写到夏商周，原始社会他没有写。我是从原始社会开始写，因为原始社会没文字，那么就靠图片了，主要从彩陶这些图片上看，

[①] 袁杰英（1936—），女，北京人。1960年毕业于中央工艺美术学院后留校。中央工艺美术服装专业教授、研究生导师，中国服装设计师协会副主席。多次举办个人设计作品专场展示、系列设计作品联合展演并赴国外展演。著有《中国历代服饰史》《时装模特表演艺术》《中国旗袍》《新潮服装设计》《秋的旋律》等。

[②] 白崇礼（1931—），广西桂林人，回族。1954年毕业于中央美术学院实用美术系，后在本院攻读研究生，1956年留学捷克斯洛伐克为布拉格工业造型艺术学院染织、服装专业研究生。1961年毕业后在中央工艺美术学院任教。主持设计的中国海关制服受到嘉奖。现为北京服装协会理事、主任评委，联合国国际劳工组织聘任服装专家、教授。其著作有《衣着美随笔》《服装设计艺术》等。

材料很丰富。看到彩陶、陶器上面塑的人，人身上画的花纹。鞋有平头的、有尖头的，还有靴，各种各样的。另外，首饰品特别多，像项链，四五千年前那个特别漂亮。手镯都是玉器的，做得那么精彩，以前都没见过。而出土材料中都有，出土的玉器、彩陶，各种各样，所以收集的材料很丰富。

写《中国服装史》，我第一个把原始社会写上去，一直写到清朝。别人的材料也没那么丰富，因为我爱人在故宫博物院，材料都在故宫，所以这样材料特别系统。写下来以后，当时还没有国家图书奖，服装类的书刊评比会，当时我得了二等奖。没有设一等奖，我是二等奖的第一名。这部书主要是中国书画函授大学当教材用的，卖价就很便宜，几十块钱一本，彩图比较少。

所以，《中国服装史》是1989年开始写，稿子写了以后，在家里搁了几年，因为出版社我也没人认识。后来因为中国旅游出版社来叫我写《龙文化景观》的序，他们看到了《中国服装史》的稿子，正好那时书画函授大学也需要服装史的教材，他们就拿去出版。1994年出版的，1997年得的奖。

2.《中国历代装饰纹样大典》

旅游出版社当时给我出了两本书,一本是《中国服装史》,还有一本是《中国历代装饰纹样大典》。《中国历代装饰纹样大典》是我几十年积累下来的几千幅图,6000多幅图,都是我用毛笔画的。那个时候,一个是买不起相机,所以只好画,那里头全都是用毛笔勾的、画的。开始到什么地方,看到好看的,都用铅笔打草稿,完了用毛笔画,整理出来,都是这样子。彩色的更困难,因为画彩色的画需要条件,不是一眼看到就能画出来的。另外,彩色的出版也比较困难,印彩色的成本就要高了,出版社要赚钱,它就不愿意印彩色的。所以那个时候就全部是手工画的,绘图笔什么都没有,只有毛笔,全部用毛笔,一笔一笔地画出来,下了很大功夫。看电影、看戏剧从来不去,所有时间就是花在这个上面,那也是几十年慢慢积累起来的。

到出版的时候,也碰到困难,因为没人给你出。正好那个时候旅游出版社出一本《中国龙文化景观》,这本书光是一个地方、一个地方讲景观,龙的文化怎么发展里面没有,这样请我来写。因为我在《故宫博物院院刊》上发表过《谈龙说凤》这些文章,他们知道,就来找我写一篇序,把中国龙文化的整个过程叫我写一下。到我家以后,看到我家里那么多幅图都堆在那里,我亲手画的古代图案、装饰纹样,都是手绘的,那么多。他说:"你怎么不拿去出版呢?"我说:"我也没地方去出啊?"他说:"我能去出。"

那时候没稿费的，就是给你几本书。他说："我出来以后给您200本书。"我说："要是不出版，就变成废纸了，不要稿费，你拿去出，能出来就行了。你只要拿去出就好了，省得我白画了。"他就拿去出了。

《中国历代装饰纹样大典》是1995年出版的。那个时候，我记得这本书出来，影响也是很大的，因为立交桥的装饰设计可看到很多都是古代的纹样，像中国国航飞机的标志，那个凤，就是按古代凤的装饰形象来设计的，所以影响很大。那部书出来后过了两年，他就要再版，再版就换了一个名字，叫作《中国历代装饰纹样》，不叫大典了，封面也改了一下。

这部书很响亮，当时卖得也比较便宜，那么厚实，卖得很火的。就是到现在，这样几千幅纹样综合在一起的，比较系统性的，这样的书一直没人出。其实这本书可以再版，肯定现在还会卖得很好，但是没人卖，我自己也不能印书卖去。我的工作就到这里结束了。

3.《中华服饰艺术源流》

《中国服装史》这本书 1995 年在旅游出版社出版了，出来以后反映很好。但是这本书主要是黑白图，彩色的很少，那么我想再出一部彩色的。当时高等教育出版社也来找我，叫我出一本大学可以用的、教材性的《中华服饰艺术源流》。

高等教育出版社这部书要出版的时候，我住在花园大院，就是人民大会堂的西边，现在拆掉变国家大剧院了。当时胡乔木同志住在南长街，离我住的地方很近，非常近的。胡乔木同志，我在中央美术学院上学的时候，他给我们讲过文艺理论，所以他也是我的老师。另外，沈从文先生在"文革"以后，中国历史博物馆对他有看法，认为他不在博物馆坐班，所以他比较困难。后来胡乔木同志当了中国社会科学院的院长，他当时是中央委员会的常委[①]，就把沈先生调到社会科学院。当时胡耀邦同志为沈先生解决了住房问题，胡乔木同志把他调到中国社会科学院去当研究员，给他配了助手。我的书快出版的时候沈先生已经去世了，我是知道胡乔木写字写得特别好，书法特别好。我给胡乔木写了一封信，因为路很近，我就把信亲自送到他住的地方。他住的地方是有警卫班的，进不去，交给了警卫班的

---

① 此处有误，应为中央顾问委员会常委。

班长。交去以后，过了几天，结果警卫班班长给我送了一封信，是胡乔木同志亲手写的。他说："接到7月12日来信，深为教授夫妇以多年精力和辛劳著成《中华服饰艺术源流》一书的奋斗精神所感动。今出书在迩，深致庆贺。所嘱题词或题写书名事，虽本人书法拙劣，亦当奉命。题词恐措辞失当，兹先奉上拙书书名，不知可用否？如另有佳作，亦可请代拟题词稿当照书可也。沈先生九泉有知，亦当为尊夫妇新作成功而含笑矣。陈娟娟先生统此问候。胡乔木，七月二十五日。"给我回了这么一封信。

　　《中华服饰艺术源流》这本书是高教出版社出的，高教出版社那时印刷机很先进，从德国进了一套印刷的机器，机器很先进，但是技术不行。后来印出来的书，图片有些模模糊糊，不清楚。他们想把这本书送去评奖，当时冯其庸先生跟我做邻居，他说："他们印成这样，还想评奖？"就不同意评奖，这部书印糊涂了，我想印一本清楚的。这样，我就跟旅游出版社的人说，我想再出一本《中华历代服饰艺术》，全彩印的。因为高教出版社出的那本《中华服饰艺术源流》虽然有胡乔木同志题的书名，但是印得不好，所以重新编的这本《中华历代服饰艺术》，1999年由旅游出版社出版。这本书出来以后，在2000年得了第十二届中国图书奖，服装方面出这些书，算一个阶段了。

4.《中国丝绸科技艺术七千年》

到 2002 年,我跟陈娟娟出了一部《中国丝绸科技艺术七千年》。因为很多是关于纺织技术方面的,一般的出版社他们审稿审不了,这样我就请中国纺织出版社出版。这部书,因为是根据考古出土的文物,确切可以证明中国蚕桑丝绸已经经历了七千年的历史。过去都说五千年,中国历史只有五千年,但是我这个根据确切的证据、实证,证明中国丝绸确实已经有七千年历史,把丝绸历史上推了两千年。我们俩把各朝各代的出土丝绸,它的纹样、色彩、组织、结构,以及当时是用怎么样的机器织造出来的,使用图像配合文字介绍的方式,出了这部书。这个难度比较大,不懂纺织技术的人没法审稿。比方一块布,它是由经线、纬线组织成花纹的,它的组织不止一层,是好几层的,这个组织是怎么样的?是怎么织出来的?结构是怎么样的?用立体显微镜放到 25 倍大小的时候最清楚,再大了就看不清,小了也看不清,25 倍左右,用立体显微镜把组织单位找出来,它的结构是怎么样的,给它画出来。过去人都是在小格子上用点子点,人家看不清楚。我是给它用解剖跟透视结合起来画,因为我是学美术的,一层一层这样画出来,我给它都画清楚了,花了很多的功夫。我爱人在故宫天天用显微镜看这个,看了几十年了。我是看外地出土的,古代出土的纺织物的组织结构,我一看就清楚,因为我比较懂。所以这样的书出来,过去是没有的,一般人也写不了这样的书。一般专业书都是人家看不懂，我们二人出的这部书是用图和文字配合起来，普通人也能看得懂的。所以这部书出来以后，在出版座谈会上，专家们对这部书的评价非常非常高。

《中国丝绸科技艺术七千年》这部书他们审稿就审了7年。审完以后，也设计完了。原来图片比较大，后来那天叫我去最后定稿的时候，那个陈社长他不懂行的，背着手说："中国历史一共五千年，怎么出来个七千年？把篇幅砍掉三分之一！"他是社长，他说要砍掉三分之一，那没办法。原来如果不砍，这部书就是第一流的，是最好的书，现在他要砍掉三分之一。我说："内容不能减少，图可以缩小一些，我自己来整理、来调整。"这样我把版式亲自重新调过，最后我选了一幅乾隆皇帝时的刺绣屏风，做成大插页，我说把天地头都去掉，所以这个图片就大了。因为有那个插页，所以看起来这本书还比较好一点，不能说是最高档的，反正是中高档的。

故宫博物院的图片里，明朝的丝绸品种最多，陈娟娟每天在库房里头，她长年累月用台灯照着，在立体显微镜下，用针把丝绸正面、反面一根一根丝拨开来看，然后画出结构，把草图画出来。拿到家来以后，我儿子黄钢就给她画正稿。书中明朝、清朝的丝绸品组织结构，主要都是她完成的。她在那工作多少年呢？有20多年，她就一直坚持做这件事。有一次香港陶瓷协会，在香港开一个叫做"中国龙袍"的展览会，原来发邀请叫我跟陈娟娟去参加。但是要港币，我们哪来港币？所以没有去。那个展览结束以后，19个国家的丝绸专家到北京来找我们，都是看了《七千年》这部书以后，说陈娟娟是世界上分析中国古代织锦文物结构最多的人，带了一批我们写的书回去。后来《中国文物报》把她评为全国文博考古界一百位学识成就显赫、自学经验丰富、极富创新精神的专家学者，这使她20多年工夫也没白费。这些都是这书出版以后的事。

在《七千年》刚出来时开的出版座谈会上，专家们对这部书的评价很高。中国收藏家协会会长、中国历史博物馆资深研究员、著名的文物专家史树青①老先生，史树青跟沈先生同时代的，比沈先生年轻一点。他说："以丝绸为中心，将中华民族的文化史推到七千年前，是前无古人的。史料如此丰富，描绘如此生动，研究出版过程如此艰苦，成书又如此精美，恐怕也是后无来者的。"这是史先生在会上说的。

中国《红楼梦》学会的名誉会长、原中国文化艺术研究院副院长冯其庸说："这部专著，以丝绸为中心，描述了中华民族的文化史，用文物考证展现了中华民族七千年的灿烂文明。同时与众多晦涩难懂的考古书籍不同，作者使用了清晰、流畅、生动的语言，让人越读越觉得有意思，所以说他是前无古人后无来者的、划时代的巨著，一点都不夸张。"

2003年，参加《中国丝绸科技艺术七千年》出版座谈会（右三杜钰洲，右二黄能馥）

---

① 史树青（1922—2007），河北乐亭人。当代著名学者，史学家、文物鉴定家。曾任中国历史博物馆研究员，国家文物鉴定委员会副主任委员，南开大学历史系兼职教授，北京大学考古系研究生导师，中国收藏家协会会长，《收藏家》杂志主编等。主要著作有《长沙仰天湖出土楚简研究》《应县木塔辽代秘藏》《楼兰文书残纸》，《中国大百科全书·文物卷》（合著）、《中国文物精华大全》（合著）等。

这个座谈会以后，北京电台跟各种报社纷纷发表消息评论，冯其庸先生在《中华读书报》2003年3月12日的书评版，写了一篇题为《用生命写成的巨著——读〈中国丝绸科技艺术七千年〉》的评论。他在评论中写了一首诗，诗是这样写的："（黄能馥、陈娟娟两位教授合著《中国丝绸科技艺术七千年》巨著出版。）两命相依复相嘘，艰难苦厄病灾馀。寒灯共对研经纬，风雪沈门托付初。万里关河寻旧迹，几间陋屋写新图。从今不负丝绸国，照耀寰瀛有巨书。2003年2月7日旧历癸未年正月初七灯下。"这是冯其庸先生给我们的评价。

当时《中国新闻出版报》《中国图书商报》《中国教育报·社会周刊》《人民日报（海外版）》《中国出版报》《中华读书报》《北京青年报》《服装时报》《市场报》《中国文物报》《中国纺织报》《装饰》杂志等等，都发表评论文章。美国大都会艺术博物馆东方部主任屈志仁来信说："能馥教授史席：大作《中国丝绸科技艺术七千年》已收到，匆匆拜读一过，受益良多。这书可说是第一部全面介绍中国丝绸史的专著，是中国学术史上的盛事，难得的是每一丝绸品种都有插图和组织图，极为方便读者。最可惜的是娟娟先生已逝世，未能见该书出版。但是她在中国纺织学的贡献是永垂不朽的！专此道谢，并颂撰祺！屈志仁拜。二〇〇三年四月廿四日。"

我们写书的过程当中，困难是一直都有的。一个是资料的来源，因为要写书嘛，沈先生去世的时候，咱们国家考古比较有限，出土的文物都比较有限。当时最大的一个发现就是湖南长沙的马王堆。你要想写书，开始的两个困难：一个是古代的文献你要了解，古代是怎么发展过来的，要看文献；第二个要分析古代这些文人，他所讲的话是不是可靠。另外，要真正可靠、比较有科学根据，你必须要看到文物，但是我们很困难。因为我是在美术学院，我们美术学院一般是很重视搞创作、画画，重视这些，搞理论的条件很差。你要在学校图书馆看历史文献都很少的，自己也买不起太多的文史类书，这很困难的。

另外，就是那些古代的书看不懂，特别是一些关于服装理论方面的书，到现在有许多我也看不懂。蔡子谔①写的一本书《中国服饰美学史》，他对文学研究很透彻，学问很大。我是基础差，因为正规的高中我没有上过，初中也没毕业，所以基础差，主要靠后来在工作中参加编写教材，还有借"批林批孔"这些机会抽一点时间看书，但和人家从小一直有家传下来的书没法比。反正我底子很薄，这是很大的困难。我看古代"三礼"——《仪礼》《礼记》《周礼》，有很多地方就看不懂，这个很困难。实在看不懂，也不太好意思老去找老师，有时候有些问题实在解不开了，查字典都解不开了，才拿去找沈先生。

---

① 蔡子谔（1943—），湖北武汉人。1965年毕业于河北省教师进修学院中文系。河北省社会科学院文学研究所研究员，河北大学中文系教授、研究生导师，中国作家协会会员。著有儿童文学《中国绘画家的故事》《白居易》，报告文学《绿色的惠风》，专著《崇高美的历史再现·正编》《中国服饰美学史》等。

六
我生命中的他们

1. 家人

爱人陈娟娟

先讲我的爱人陈娟娟。她是1937年出生的，出生地在北京。她在11岁的时候，因为胸膜炎粘贴到心脏，后来就生了风湿性心脏病，到20世纪晚期经常出现心脏衰竭。娟娟于2002年9月3日住进北大医院抢救，9月9日就住到抢救室了。

她父亲是一个运动员，1949年前当篮球裁判，人家开小车来接他去。后来做利生体育运动公司的经理，现在王府井利生公司做得很大。她父亲家里事也不管，她母亲跟弟弟有精神病，母亲什么事都干不了，家里是没人管她的。爸爸也没时间照顾她，一切靠她自己。她性格很直，但是她耐心还是很好的，待人都非常好，非常热情，就是这样一个人。

陈老师这个人很要强，人家看见她，说话什么的精神非常好的，但是客人走了以后，就一点力气都没有了。有些时候，她特别喜欢的就是做衣服，她嫌外面买的衣服不好，她都自己做，也没学过，孩子的衣服都是自己做的。那时候儿童的服装好看的很少，她有一次到市场上买一块老虎花纹的布给小孩做衣服，孩子走在外面，人家都跟着看。有一次，一个同事请她裁衣服，结果裁领子的时候，这个领子应该是那样弯的，她开始做的领子往下垂,结果做出来,扣不起来了。其实,必须这领子反着,这样出来以后才正好。许多事她也是一边做,一边研究,结果把人家的衣服裁坏了。那时候一个人没多少布票,她就拿自己的布票买了布赔给人家,就这样一个人。买衣服她必须去看,她看中的才买。

还有理发。她说外面理得不好,小孩理发,她必须自己理,实际上我的头发也是她理的,都是她理。她做菜做得特别好,在厨房做菜动作特别快、特别好。在文物出国展览的时候,像新疆博物馆,他们来了很多很多人,到我们家吃饭。吃了以后,回去说吃陈娟娟做的菜比馆子里的好吃,每个人来都说:"我要到你们家去尝尝陈老师做的饭。"她做黄鱼做得特别好,确实在馆子里面没有她做得好吃。什么事她都会的,但是身体不好。所以平时,像洗衣服,我先给她搓完以后,最后她要来看,看一遍,把领子、袖子,她重新搓一遍,粗活都是我干,她最后要检查一遍。

另外,她待人非常热情,在故宫一提陈娟娟,谁都知道,从工人到上面领导都知道她。原来她是在陈列部工作,陈列部主任挺霸道,不讲理,特别霸道。那时候都还是共青团员,她有一次开会,两个人说话,说话合不到一起,她就拍桌子。在陈列部别人都怕那个领导,只有她敢对领导拍桌子。她就是那么个人,就是性子特别直。她跟群众关系也非常好。

虽然身体不好,但是陈娟娟这个人性格比较活跃,什么事她都很积极。她什么运动,都不顾身体,都参加,像是北海公园的划船、舢板队。修十三陵水库的时候,她就报名去参加劳动,结果在现场就晕倒了。晕倒以后,叫她回来,她还不肯回来,结果叫她当广播员。她就是很要强的那么一个人。

另外,她跟文艺界关系也很好,她会演戏,演反派,虽然生来也没学过。她划船也划得很好,到北海划船,她原来是舢板队的,就特别喜欢运动。

我们两个是在1956年认识的,主要是通过沈从文先生。

当时我毕业以后,留在学校当研究生。我一方面是研究生,一方面在筹建工艺美术学院的办公室当秘书，一边上课，一边当秘书。学校有东欧的留学生，跟我同班的，毕业以后他们应该回去了，但是大使馆不让，说"中国是丝绸之国，你们应该学一点中国丝绸方面的历史回去"。这样，学校当时没有老师，就请沈从文先生来教。因为沈先生是湖南湘西人，口音很重，留学生听不懂，所以学校叫我一方面去和留学生一起听课，一方面做记录。这样就跟沈先生几乎天天在一起了。

1960年，在北京中山公园

这个时候，陈娟娟高中毕业以后，因为她们家，她的姐姐、姐夫都是学医的，所以她原来也想学医，但是体格检查不合格，那时候体格检查是很严格的。当时故宫招实习馆员，她就去考了，第二天就叫她上班去了。当时沈先生编制在历史博物馆，但主要在故宫上班。现在知道故宫保存着织绣品将近20万件，是世界上最大的服装博物馆跟丝绸博物馆。但是，1949年后，这些都要重新清点、登记注册，一件件排架，摆到第几号架第几层，都要编号的。陈娟娟她们到故宫，一开始就叫她们做这样的工作，事务性的工作。人家一般就是打开来随便编个号就放回去了，她是看到好的就做记录，记下来，记在心里。这样沈从文先生和一些专家有时候要查丝绸文物，因为数量很多很多的，一般人都记不清楚的，专家要什么文物，哪个朝代的，专家都找不到的，她跑去一下就找到了。所以那些专家对她很喜欢，很重视她，尤其是沈从文先生特别喜欢她。沈先生很多时间到故宫去做研究工作，老要靠陈娟娟帮忙，不让她离开身边。

当时北京前门外，珠市口、鲜鱼口那些大街小巷，全是古董店，挂的都是古代的，特别是清朝的服装、龙袍、刺绣品，还有一些绣花的、过去小脚的鞋，一摞摞挂在那很多，都很便宜，沈先生去，都带着她去。同时，因为沈先生在中央美术学院教留学生，有时候带着留学生去珠市口看古董，沈先生每次去，也都打电话叫我去，这样我跟陈娟娟就经常在一起。

我去故宫也是跟沈先生一起去的，而且故宫那个时候是很开放的，美术学院的学生有校徽，就不用买票，可以随便进去。沈先生到工艺美院讲课，她也陪沈先生来。讲完课，沈先生是一个专家，学校请他吃饭。她呢，我就请她在我们宿舍吃饭。这样熟悉以后，她叫我给她画一个色彩的彩表，我就给她画。画完以后，她叫我送去。我说，你在什么地方等？她说，我在中山公园。她们家住中山公园对过，住在花园大院。我送到中山公园，正好吃中午饭，她就领我到她家里去吃饭。吃饭以后，因为她母亲有精神病，什么事都是姨姥姥管。结果说她姨姥姥喜欢我，就是到有什么好吃的时候，就叫她打电话，叫我到她们家吃饭去。这样过年过节，我老到她们家去。另外她们家离中山公园就隔一条马路，经常一起去玩，这样开始认识，就熟悉起来。

1984年，陈娟娟与恩师沈从文一起鉴赏南京云锦研究所复制定陵出土的明万历皇帝织金孔雀羽妆花纱龙袍料

主要因为工作上的联系，陈娟娟她也经常到沈先生家里。那时候我们一个月伙食费才七块钱，东安市场有吉士林，吃西餐我们根本没有这个可能。沈先生跟师母礼拜六去吃西餐，就打电话叫陈娟娟一起去，就跟自己女儿一样看待。反正一直多少年，我也经常到沈先生家里去，和陈娟娟都是在一起。

我们1956年开始认识，一直到1959年，后来我就等于是他们家人差不多了。过五一劳动节、国庆节，那个时候北京游行，她们家因为挨着长安街，隔着玻璃窗就看到，看游行就到她们家里去。后来就跟自己家一样，主要是她姨姥姥老撺掇她跟我好。我们1959年结婚，那个时候她们家在花园大院有房子，北屋三间、南屋三间、两边东西厢房。那是她父亲家里的房子，我写了一个借条，借她父亲的房子在那住，我跟陈娟娟就住在南屋，就是这样子。我们结婚的时候没有仪式，1959年是搞"大跃进"的时候，大家说要跟时间争。结婚假原来是有20天，到那个时候就放假3天，结婚的时候什么东西都没有。参加的人，就学校来了一个人，就是我的一个老同学，没有搞什么婚礼。我家里在浙江义乌，家里根本没有人可以来，没搞仪式。她那边也没有，她家原来是天津的，北京就是他父亲、母亲、她弟弟。姨姥姥也是住在天津，到北京来，还有一个赵姨。就那么几个人，都是自己家里人。那个时候结婚是这样，可以申请机关给一张桌子、两把椅子，别的东西都没有的。结婚非常简单，跟平时一样。凭结婚证明到西单百货商场买二斤块糖、一条香烟，就这个优待，那是特批的。我也没给她买过金戒指，没钱买，也没有什么婚礼，什么都没有。

结婚后第三年的6月，儿子黄钢就出生了。当时她因为身体不好，人家生完小孩后都几天就出院，她在那里像是住了20来天，住在鼓楼医院。她也没有奶，人家给孩子喂奶，到20来天的时候，人家都叫黄钢"老大哥"了，到20来天以后才接出来。因为陈娟娟身体不好，所以医院特别照顾她。医院也是待她特别好，护士或者大夫待她都特别好，补血的药，护士都给她多加一片，她到哪都关系特别好。因为她身体不好，所以我们只有一个小孩，当时是没有限制的。她对孩子特别、特别钟爱，孩子穿的衣服都是她自己做的。那时候虽然经济很困难，但是她也把孩子打扮得非常漂亮。小孩的头发，她嫌外面剪得太短，她就给他留长一点，所以我孩子到现在都是长头发，留长头发。

跟我认识以后，我从杭州带回来关于丝绸的一些科技方面的书给她看，她一看就懂了。这样她看文物的时候，不像人家那么只是看一看，她是用立体显微镜照着看，把织物组织、经线纬线怎么织出来的，她用针一根根地把丝线拨出来看。比较复杂的织锦不是一层组织，而有两层、三层，好几层组织，你表面看只看到一层，所以她用立体显微镜照着看，一根一根地，把组织都点下来、画下来。这个工作很枯燥，一般人不可能长期去做这种事，她几十年都坚持，就那么一种性格。

开始是她把组织记下来以后，比较毛糙地记下来，回来我来画，一根线、一根线地画出来。因为我是学美术的，知道透视学、解剖学这些知识，就用到丝绸上面去，把这个立体的一层、二层、三层怎么交织的，组织图都画得清清楚楚的。后来我孩子就帮她画。这样子几十年下来，家里就有很多很多的组织图。另外，社会上也知道她了。原来文物界评研究员的时候，全国都到北京来评，由国家文物局主持，到她评上研究员的时候，是全票通过的。一共两个人，一个是搞沙漠考古的，那人在新疆一定很苦的。另外一个是她，那么长期坚持，所以她是全票通过的，所以《文物报》说她是进取创新，原话我记不清楚了，就是评价很高的。她是这样子，不管身体怎么不舒服，她总要坚持她自己的工作。所以沈先生就很喜欢她，一直都非常喜欢她。

在家里她也是这样。就是身体不好，要是身体好就好了，她什么都一学就会。可惜娟娟就是身体不好，老住院，心脏不好，老是心肌梗死，老抢救。后来住医院，又换了心脏的瓣膜，给她安装起搏器，都没管用，一般人害怕，她都不害怕。后来又得了癌症，乳腺癌，我不敢告诉她。但是，回家她说："你脸上就写着了，你老实告诉我，好好治啊！"乳腺癌治疗以后，效果挺好的，最后还是心脏不好去世。

那时候我没别的办法，当时看病到故宫医务室去开证明，到财务处去领支票，一个礼拜就得换一次支票，到医院去交钱才能治疗。最后，一共花了60万块钱，故宫医务室说已经到最高的水平了，不能再开支票了。正好那时候《中国丝绸科技艺术七千年》出来，在座谈会上我就说了一下这个情况，请故宫的一个来开会的副院长回去跟院里研究一下，现在不给支票，不能治疗了，我说能不能研究一下。结果副院长回去汇报以后，院里很重视，马上通知我，说可以继续治疗。

在医院里住着的时候，正好朱镕基总理拨给故宫十万块，叫照顾这些老专家。当时故宫听到这个消息，就从十万块钱里，拿出五万块钱给陈娟娟，党委书记送到北大医院，找我说是总理给的五万块钱给你。国家待她也非常好，但是她这一辈子也算是尽心尽力，尽了自己的力量，就是这样一个人。

她太好了，她待我很好，非常好！反正我待她实在是条件太差，感到很遗憾。还去世得那么早，虽然那个时候我尽了自己的力量。比方说买药，那时候都很困难，医院里开了药，到一家药店配不全，找到哪家有这个药，只能配一副，第二副就得第二天一早骑车到那药店门口去排队买。所以，那时候北京这些药店哪一家药店第一家开门，我都知道。骑车就走，公共汽车停下来，我就超过公共汽车，它一开，它又超过我，都是这样的情况，每天一早起来就转一大圈。然后下了班，还得买药，整个北京城我每天骑车转一遍。

到肿瘤医院排队，是很难很难的。外地人来，在肿瘤医院前面的一条水沟里做饭，晚上就不睡觉在那等，我都是夜里一点钟就去排队。冬天去排队，我们大家自己编号，要不然老站在那站不住，到医院快开门的时候，根据号大家排下来。挂上号以后，还要看是什么出身，要看你什么出身才能看病，挺困难的。挂完号以后，连忙回家把她接到医院，也没有公交车什么的。看完病把她送回去，我赶快又要到学校去上班，就是这样。

后来她病重住院，我得到故宫医务室去，求医务室的领导给我开一个条子，才可以到财务去领支票。到财务，要向人家鞠躬，把支票领出来，到医院见到护士也得鞠躬求她，见到大夫求他，就这样。就这样也不行，最后也没有救回来。娟娟她很坚强，做起搏器，要把一个东西装到胸部里去，她听了就装；换心脏瓣膜要开刀，她都忍着去做的。她就是以最大的耐心来对待病痛，从来没喊苦。最后很遗憾的，是因为她喘气喘不过来，把喉管切开来就不能说话了，气管切开来接上管子，很苦很苦。

她太早去世，她没有享到一天福，一直都是很困难地过日子的。我们以前工资也不高，有点稿费都是买书，在生活上的享受没有。我跟她没上过馆子，出去也没打过车，所以觉得真对不起她，我太对不起她。真的是这一生，我怎么样也是对不起她！

儿子黄钢

我儿子从小由他妈妈培养他，孩子也很争气，自己考大学。考大学的时候，我对黄钢特别严厉。因为我在"文革"时候也受冲击了，当时没有出路，所以我说要孩子有点出路，要很严格。平时当然也不会打骂，就是吃饭的时候，我老说黄钢，陈娟娟就跟我吵，说："你老说他，他吃饭吃不好。"那时候我要说他，她就护着，当时孩子也不理解，就说："你这个爸爸，不是好爸爸！"现在他理解了。因为那时候像参军什么的，都是要有背景的，考大学都要有关系的，我是一点关系都没有，所以在考大学的时候，我待他特别严。到考试那天，我们学校别的老师孩子去考了，他们就站到考场门口去等，而我不去。我说平时已经严格教导他了，考试时候就可以放心，根本不去。后来考的时候，因为我是染织系的，他就报染织系。我说，你不要报染织系，当时有环艺系，就是现在的建筑系，我说你考环艺系吧。结果他报了两个系，一个是环艺系，一个是染织系，结果两个系都是第一名。反正我觉得，我自己没有别的办法，唯一的办法就是很严格督促他，平时已经尽力了，那么考试的时候根本不用去管，考得好与不好就是那样子了，我就根本不关心了。

黄钢上大学以后，我就一直没管，找工作什么都是靠他自己，大学毕业以后分配到北京建筑工程学院去教书。教书的时候，结果一个女学生跟他好了，这个女生母亲是清华大学建筑系的教授，她父亲是法华建筑研究院的院长。这个孩子毕业以后，就到东北去拿硕士学位，那时候硕士是很少的。我儿子黄钢就不甘心，他马上辞职，回到母校工艺美院，考硕士研究生，也考上了，毕业以后就留校。他是工艺美院和清华合并后第一个辞去教职的老师。

他就没有跟我讲，也没有跟他妈妈讲，他就辞职了。辞职以后，就开画廊。在北京特别大的饭店——凯宾斯基饭店，以前大的饭店不多，在那里开了一个画廊。这个时候长城饭店的经理去参观，看到以后说："那你到

陈娟娟与黄钢

我们那去开一个吧,我把最好的位置给你。"在长城饭店,他又开了一个,到国贸又开了一个,当时开了好多家,都是一些大的地方。他说,我开画廊并不想做生意,我就是开一个窗口,这样子一方面我可以了解外面的情况,另外人家也可以了解我。后来他的画到世界各地参展,结果说是台湾著名的收藏家曹兴城先生买了两幅他的画,回到台湾。后来他们拿到纽约苏富比去拍卖,结果拍了几十万美金,一张画。因为那时候黄钢很年轻,人家国外的一些画商看到这个画家有前途,他的画肯定只会涨不会降的,所以都买他的画。后来他自己开了一个很大的画室,一直到现在,成为职业艺术家。

现在就没人买了,所以画基本上就很少人买了。前几年,上海一家公司跟他订合同,就每年给那家公司十张画,一年是500万,订了几年合同。后来,那家公司就说:"画,你就不要卖了,我们公司全包了。"这样,卖画就不能卖了,他就搞雕塑。结果雕塑一直有人买。他的雕塑以《红色娘子军》做题材,把红色娘子军塑得特别健美,被人称为"东方维纳斯"。做得挺漂亮的,比较大一点都是几十万块钱,小的几万块钱,现在靠雕塑维持。他待人家挺好,有几个工人,家属什么的,他都给他们安排工作。现在他说社会的经济冲击对他影响不大,他的情况就一直这样。

他爱人从东北回来以后,先回建工学院教书,大概教了一年书,她就不教了。有孩子以后,就在家看孩子,一直到现在没工作。每年到国外去看看整个发展的形势,每年都出去。我是因为不想让他多分心,我自己一个人住在这个地方挺好,国家待我也挺好,就很少、很少到儿子那里去。今年(2014)一共去过两次,去一次就住两天,我就回到这里来,儿子每个礼拜都来看我。

他画画得挺好,创意很新。另外他文章也写得很好,开始的时候法国那个《费加罗报》就来采访,把他拿去当封面,整版的照片。前些日子,法国大使馆在北京给他办了一个黄钢的绘画工作室展览,要再到巴黎、纽约、伦敦去巡回展览。国内像保利博物馆,给他办了一个展览以后,到亚

2014年，在儿子黄钢家

洲各博物馆去巡展，所以他有一本画册，就是保利博物馆给他出版拿去送人的。

都是靠他自己了。我有什么希望？就是从小希望他成长以后，做一个对国家、对社会有用的人，所以那个时候也一直很严格的。他自己成人、独立以后我就不管他了，出格、违法的事他不会做，这是我们的家风嘛。现在我没有什么后顾之忧，儿子也用不着我担忧了，反正我自己喜欢比较自由一点，我们家的情况大体就是这样。

2. 恩师

沈从文

下面应该讲到沈先生。沈先生这个人，过去是很有名的文学家，全世界有名的。但是，他这个人思想有时候比较糊涂。在抗日战争那个时候，郭沫若组织了阳翰笙这些人到国外，他们都是可以随便到国外去，给解放区买药、募捐。当时社会上一些人觉得他们捐了那么多钱，会不会贪污啊？社会上有人这样说，沈先生也糊里糊涂去响应这些人，说会不会贪污？他们都很有名气，这样沈先生和郭沫若之间就有很多误会。听说临近1949年的时候，郭沫若有些学生在香港，就告诉香港这些学生给沈从文写大字报，"沈从文是自觉地站在反动立场"。1949年后，这对沈先生压力很大，因为郭沫若当政务院副总理、中国科学院院长。他们二人发生误会是在1949年前，后来沈先生写那本书，郭沫若还给他写序，是这样一种关系。

沈先生1949年以后一直不得志，他原来在北大，后又离开北大。1949年后，听说他还自杀过几次，后来就到历史博物馆。他很热心，他是当研究员的，但观众多的时候，他就主动去讲解。所以有人说他当讲解员，其实他不是讲解员，他是研究员。他的编制在历史博物馆，但他更多时候是在故宫上班的。那个时候，反正是挺糊里糊涂的，故宫确实有他的办公桌，有书架，都有他的。我以前一直认为他是故宫的，后来怎么知道的呢？沈先生去世以后，故宫博物院的院长郑院长，郑欣淼，他是研究鲁迅的，他是文化部副部长兼故宫博物院院长。他就到我家来问我，说"我们故宫档案里头没有沈先生"，问我沈先生在故宫究竟干什么？我说，当顾问的呀，我们那时候都知道他当顾问。后来郑院长又回故宫去查档案。后来，他给我打电话，说故宫档案里也没有，他不是故宫的顾问。那时候就是这样一种关系。

他写这本《中国古代服饰研究》[①]，大概是1956年。1956年周总理在一次宴会上[②]，当时文化部的副部长齐燕铭也在座。周总理说：我们每次到国外去，看到人家国家比我们小，历史比我们短，但是有他们的服装博物馆。我们历史那么悠久，什么时候可以看到一部像样的《中国服装史》，我们出国时候可以拿去当礼品，什么时候可以建一个中国丝绸博物馆？齐燕铭就

[①]《中国古代服饰研究》是中国文学家沈从文创作的一部系统考证中国服饰文化的学术专著。1981年由香港商务印书馆出版，郭沫若作序。该书创作历程凡二十余年，内容涉及的时期起自殷商迄于清朝，对三四千年间各个朝代的服饰问题进行了抉微钩沉的研究和探讨，全书计有图像700幅，25万字。2011年该书入选"中华现代学术名著丛书"由商务印书馆出版。

[②] 此处有误。应该是1963年。早在1960年4月，沈从文在给大哥的信中，就透露了准备编写一部中国服装史的计划。1963年，沈从文的服饰资料收集工作已有所进展，但也面临很多困难。当年4月9日，他给历史博物馆馆长龙潜的信中表示，愿意尽余生就服装和丝绸花纹历史发展摸索下去。同时也陈述了搜集材料的困难情况。1963年8月，历史博物馆将沈从文等人的编撰工作用简报的形式通过文物局上报文化部。文化部副部长齐燕铭看到工作简报后致函国家文物局王冶秋局长，要求明确范围，逐步完成。就在这一年，周恩来在一次会见文化部领导时，谈到他到国外去，常常会被邀请参观服装博物馆、蜡像馆等，中国是世界文明古国，在服饰艺术上很有特点，是不是也应该有个服装博物馆，有部服装史呢？总理问有没有人能够写出一部中国服装史。在场的齐燕铭说，这个事情沈从文可以做。周恩来当场表示支持。1963年12月，齐燕铭在文化部党组会议上，传达了周恩来的指示，要求中国历史博物馆做好《中国古代服饰资料》的编撰工作。参见李斌：《沈从文〈中国古代服饰研究〉编撰经过（上）》，《新民晚报》2014年5月16日第A31版。

说：沈从文可以干这个。因为沈先生当时老在《新观察》《光明日报》这些报刊上面写文章，他老写织金锦，就是用金线织的锦，美术学院请他来给留学生讲课，就是因为他写的那些文章。这样，周总理就说："那这个事就交给沈从文去干吧。"这样他就开始写这部书，到"文革"前已经写出来初稿，到财经出版社拿去打印了，准备出这本书。"文化大革命"就来了，那么就停下来了。后来"文革"结束以后，他继续写这本书。

那时候全国找沈先生的人特别多，一些工艺美术厂找他要资料，要古代图案的资料，老找他。那时候国家给他分配宿舍，因为当时都是比较远的地方。他住在东堂子胡同，房子比较小。他说："我不搬，因为人家该找不到我了，到郊区去住，不去。"他那时候写文章，稿费挺多的，比现在多。我记得那时候我画一个小手册的封面40块钱，我们一个月伙食费七八

20世纪80年代初陈娟娟与恩师沈从文、师母张兆和在一起（前排左一张兆和，中间沈从文，后排左一陈娟娟）

块钱。一张那么小的封面就40块钱，拿回来就买个收音机，那时候稿费很高。他一有稿费，就到琉璃厂去买书。记得有一次坐三轮车回家，车上全是书，他就坐书上面，往家里拉。另外，像前门外古董店里头一些明朝佛经的封面，都用织锦做的，拆下来卖，那时候挺便宜，他就一批批地买。粉彩的瓷器，现在都贵得不得了，那时候很便宜，他买回来不往家里送，而都送到工艺美院，送到北大，送一批给故宫，他都送。在中央美术学院讲课的时候，有讲课费。有一次美院财务叫我送80块钱讲课费到他家里去，我就领了钱，送到他家里。他说："你赶快给我送回去，我是有工资的，你给我退回去。"他就是那么一个人。

一般都说言传身教，身教对人是最深刻了，他就是身教。有时候他给我们讲，也不会讲大道理，最多就讲一句"不是为个人"。因为我跟娟娟老到他家里去，各地出土一些文物的照片，他就给我们看，给我们讲。他讲得很广泛的，比方讲古代中国的扇子，从汉代的扇子怎么样，唐代的扇子怎么样，给我们看照片。比如<u>丝织物</u>，我们从古代就有，<u>丝织物</u>的图样怎么变过来，我们都从他那里看的，图书馆里看不到。生活上别的也没什么，主要从学术上，考古材料他拿给我们看。比如《万里江山图》[①]，他说那个是后来人画的，根据画里的家具，跟朝代对照起来看，说是唐代的，但是家具是宋代的，他说这个画是宋代的。他的这个讲法，有些人也不服气，但是他坚持自己的看法。所以我们都是从他亲身所做的事情中学到真知。

我写第一本书，那是"文革"以前，叫《中国印染史话》，是吴晗的《历史小丛书》[②]里面的一本，印了几十万本。当时一毛钱一本卖的，挺便宜的。《历史小丛书》编委会找到学校来，叫我们学校写这方面的书。当时我是在《装饰》杂志，这样学校叫我写。因为第一次写书，我是在考古研究

---

① 此处疑误，《万里江山图》以长卷形式描绘长江景色，现藏于北京故宫博物院。
②《中国历史小丛书》，1958年秋季，吴晗倡议，编一套通俗的历史读物（转下页）

所的图书馆找了一些材料。当时日本人对这方面有很多研究，也出了好多书，研究中国的服装史什么的。日文本来我也不懂，但是他越深的书，用中文的资料特别多，所以我一般基本上能看懂。我从考古所收集很多材料以后，组织写这个稿子。写出来以后，就去请沈先生给我看一看，改一改。其中有一段，我写着"据说……"怎么、怎么的话，因为第一次写书，也不知道要有根有据的，就是"据说"。沈先生看到以后，用红笔在那个稿子上画了一个大问号，旁边写着"据谁说？"这是我第一次碰到，对我就教育非常深刻、非常深刻。以后就知道写历史不能随便、没有根据，你要么是什么书上什么根据，要么出土的什么东西是什么根据，没有根据的"据说"，在学术上是站不住脚的。沈先生在学术研究里头是很不客气的，就这稿子他画一个大问号，那么大的，用红笔画的，旁边写"据谁说"。那是让我一辈子记住的教育，所以后来不敢随便说的。

生活上他也特别简单。那时候住的房子小，他爱人①也住不下，儿女都根本看不到。他儿子、女儿我都没有见过，她爱人我见过。早晨他去文联的宿舍他爱人的住处吃饭，中午他就用个小篮子带回来一点，在蜂窝煤炉里烤一烤，晚上就那么吃，就是特别简单。有钱他不是花在穿衣吃饭，穿衣服挺一般的，也不买新衣服，不买新鞋，他爱人也是这样子。都是买书，摆在书架上让人家来看，因为当时图书馆都是封闭的，所以国内一些工厂的美工都来找他。我们所以尊敬他，并不是说跟他生活上怎么来往，我们去也不买东西，没钱买，每次去他都给我们泡一碗茶，就是这样。我们有什么不懂的地方就去问他，也没地方问，只能问他。

（接上页）《中国历史小丛书》，希望中华书局出版。1959年，《中国历史小丛书》开始出版，到1962年出版100种，至1966年共出版了147种。

① 张兆和（1910—2003），现代作家，沈从文先生的妻子。曾任北京师范大学附中、师大二附中教师和《人民文学》编辑。1932年毕业于中国公学大学部外语系。毕业后任中学教师，1949年就读于华北大学二部。1941年开始发表作品，著有短篇小说集《湖畔》《从文家书》等。

有一次，我跟娟娟到他家里去，那是"文革"刚结束，他到社科院以前，工作很不顺，身体就不好，眼睛红斑出血，血压非常高，下不去。家里就他一个人，也没人管他。我们每个礼拜去只能看看他，也没有什么别的，当时看到他这个情况，我也挺灰心的。我们俩回家的时候，路上我跟娟娟说："沈先生在社会上这样有名气的人，现在都这样子，我们将来还有什么奔头。"娟娟背着我，去告诉沈先生，结果沈先生一听就生气了："你马上把黄能馥给我叫来。"这样我就去了。沈先生当时只有一小间房子，门也没有关，就有一张小桌子，一张单人床，一个书架，自己钉得挺高的一把椅子，蜂窝煤搁在门口。我去的时候，他是冲着墙躺着，门也没关。我就"沈先生、沈先生"叫了几声，他回过来朝我看了一看："你来了。"过了半天，他说："听说你不干了？"我一下心里冲动，就哭了。后来他就说："眼光要看远一些。"就跟我说这个。这个事情对我教育非常深，不光是他这句话，因为他平时的为人以及他的遭遇，一辈子教育着我，言传和身教。

庞薰琹

我的老师庞薰琹先生是一位很有名的画家，他是在法国留学的，他原来学医。庞先生家里特别有钱，他们家好像是无锡[①]的，去法国学医。他到法国以后，这是他亲自跟我讲的，他说："学医只能给几个人看病，我要做影响更大的一些事。"于是他就搞艺术，他就改行学画了。他把中国画的风格带到国外去，回来以后，因为传统老国画，老是老样子，他觉得不行，应该跟着时代走，搞新的绘画。那么他回来在上海创办了

---

① 此处有误，应为常熟。

一个决澜社①，就是说新的潮流要冲破旧传统，所以它叫决澜社，组织了一些有名的画家一起搞研究。

1949年后庞先生就到杭州国立艺术专科学校当教授，当绘画系的主任和教育长，地位很高的，除了院长，就是他了。他走起路来俩眼朝天看，好像架子很大，其实他不是，就那么一个人。另外，他教学生讲启发性，他不是说你画得怎么样，我给你改一下。有一次，一个学生画不下去了。他就说："你跟我走。"把这个学生领到我们礼堂，那里有钢琴，他就弹了几下钢琴给学生听，说"你回去思考吧"。钢琴不是高音、低音有节奏吗？他用这种启发性的教育。他国画技术也非常高，对少数民族的艺术一向很重视。抗战期间，学校迁到重庆去了，后来到昆明，他就到少数民族的那个地方，到苗族村寨去采访，画了许多少数民族的图案展览，他特别有创造性。

庞先生在艺术家中的声望很高。1950年全国开第一次文代会②的时候，他从杭州到北京参加文代会，就知道中央有意要办中国工艺美术学院，他回去以后，下决心要来创办工艺美术学院。因为当时教师、师资很少的，中央文化部为了集中力量，先是把苏州美专的图案课学生并到上海美专，再从上海把上海美专图案课学生并到杭州西湖美专，并到西湖美专以后，又把西湖美专图案课师生全并到北京中央美术学院，在中央美术学院筹建中央工艺美术学院。我们一年级就参加"土改"，回来以后人家选我当学生会副主席。我是在杭州二年级的时候，被选为学生会保卫部长。原来跟庞先生也不熟，我们要到北京来，他

---

① 决澜社，画会组织。酝酿于1930年，1932年正式成立面世。基本成员为：庞薰琹、倪贻德、王济远、周多、周真太、段平右、张弦、阳太阳、杨秋人、丘堤。第一次展览时，发表了由倪贻德撰写，经庞薰琹、王济远同意的决澜社宣言，表明了他们对当时艺坛状况的看法及自己的使命的确认。至1935年，共举办四次决澜社画展。
② 即"中华全国文学艺术工作者代表大会"。于1949年7月2日开幕，7月19日闭幕。此处记忆有误。

的儿子、女儿在学校一起要到北京来。我是学生会副主席，他叫我去，说"你照顾这两个孩子"，我说我知道了。到北京以后，在中央美术学院成立了一个工艺美术研究室，庞先生当主任，筹建中央工艺美术学院。

到了北京，大家都住在王府井协和医院对门，我们来了以后就住教室，双层铺。就给老师盖挺矮的、泥土墙砌的房子，很小很小。小房子很矮，就是一个教授一间房子，自来水、厕所都在外面。庞先生就住在那小屋里。他到北京以后就叫我去，他说："你来当工艺美术研究室的秘书，上午你去上课，下午你来办公，坐办公室。"当时老师请假，还得向我请。每天晚上都在庞先生家的小屋，文化部、美协的一些领导，天天在庞先生家里研究怎么办工艺美院。因为什么都没有，结果大家决定办一个全国第一届民间美术展览。叫民间美术，实际上是工艺美术，在太庙，就是劳动人民文化宫。中央下命令，让全国把当地的一些工艺美术品都送到北京来参加展览。那个展览是很轰动的，因为全国第一次办这种展览，是在头一年下半年开始筹备，到第二年的春天，天还挺冷的时候办这个展览。叫我当会场管理组的副组长，组长是文化部教育司的一个处长，我当副组长兼少数民族馆的馆长。所以当时每天晚上文化部、美协，当时很知名的这些人都到庞先生家里聊，叫我在那听，我就坐在那听，每天晚上都去。开始筹建工艺美院，什么都没有，收集资料、办学的方向，每天晚上在那讨论。

我们刚到北京的时候，中央美术学院开欢迎会，徐悲鸿是院长，就讲庞薰琹教授是我们国家工艺美术的泰斗，由他来办这个工艺美院，一定办得很好。庞先生当时每天都写十几封信，都是叫我去发的，跟社会上很有名的人都联系了，请这些有名的人到工艺美院当教授，都是他写信请，有的是从香港请回来的。教材建设，当时有几部很值钱的书,《东瀛珠光》《古铜精华》①,都是特别贵。《东瀛珠光》是朱启钤②主编的,朱启钤住在东四。我到他家里面去,我说:"朱先生,能不能给我们便宜一点?"他说:"国家应该照顾我,都应该多给我点钱了。"他家里女的都抹口红,那时候没人抹口红。都是我去谈好了多少钱,写报告到文化部去领钱,领回来把钱交给他。把书拿回来以后,要报销,他也没发票,我就去买印花税,像邮票一样的印花税,贴了以后去报销。这些事情都是我去做,但都是庞先生先联系好,我去办的。到轻工部,把总设计师请到我们学校来当陶瓷系主任,叫我坐小汽车到轻工部去接他。那时候进机关都要登记,看到有小汽车去了,也不要登记,就直接进去,反正那时候都是这样的。另外,派留学生到国外去留学,回来教书,都是庞先生一个人跟张仃、江枫,还有文化部的领导、美协的领导,每天晚上商量定的。

建工艺美院,凭良心说,庞薰琹先生功劳是最大的。但是,他是主张工艺美院应该面对现代工艺,培养现代大企业的设计人员。那时候文化部没有钱,也没房子,所以叫学校办到无锡去,庞先生他们认为无锡太偏僻,不肯去。这时候,正好手工业管理局的局长邓洁,就是后来的轻工部,他说:"我们有房子,我们有兴趣,让我们来当行政领导吧。"那就文化部当业务领导,行政领导归手工业管理局,实际上就是归手工业管理局领导。手工业管理局局长当正校长,结果去了以后,他主张把这个学校办成老师傅传徒弟,全搞传统工艺的作坊式学校。庞先生要搞

---

① [日]梅原末治:《古铜精华》,全称《日本搜储支那古铜精华》(六卷),日本昭和三十四年(1959)初版,便利堂珂罗版印本,收器526件,均为早年中国流入日本的青铜器。梅原末治(1893—1983),日本考古学家。
② 朱启钤(1872—1964),字桂辛、桂莘,号蠖公、蠖园,生于河南信阳。中国政治家、实业家、古建筑学家、工艺美术家、中国营造学社创始人。北洋政府官员,曾任北洋政府交通部长、内务部长、代理国务总理。中华人民共和国成立后,曾任政协全国委员会委员,中央文史馆馆员。著有《东瀛珠光》,内中不乏唐代、西域文物。

为现代大企业服务的设计人才，所以就有矛盾了。后来手工业管理局的局长当正院长，庞先生当第二副院长，第一副院长叫雷圭元先生当。雷圭元先生跟邓洁是同学，因为庞先生跟邓洁在办学思想上有矛盾，所以摆到第二位，第二副院长。

后来因为手工业管理局派一些干部来，都是解放军啊什么的转业的。那些老先生过去我们大家都很尊敬，老先生领工资都是我们领，送到他们家里去。转业的干部来了以后说："你们这些臭知识分子，架子那么大呢！"也有矛盾。所以在反右的时候，说我们当行政干部那么受气，就翻过来了。后来一直是这样的，工艺美院就是行政领导压老师，压这些业务干部，一直这样。所以到反右的时候，就成为庞薰琹反党集团了。为什么呢？大家因为跟手工业管理局有矛盾，要求把这个学校回到文化部领导，写了个请愿书。后来请愿书上签名的30多个人，大多数都被打成右派。雷圭元先生没打成右派，据说在反右前邓洁跟雷先生打了招呼，就是这样一个情况，庞先生就打成右派了。

因为我这个人向来不愿意出头，在反右之前我当庞先生的秘书，当时我又不是党员，党支部找我谈话说："你应该做党跟群众的桥梁，但是你没做好。"我一听，反正我本来就不想干秘书了，我就天天找庞先生，每天晚上去找他。我说："庞先生，我不当秘书了，我不想搞行政了，你放我回去吧。"但是，庞先生不答应。他说："你从基层干起。"我说："我也不想当官，我喜欢画画，放我回去。"谈了一个月，我每天听他讲，讲到最后一句话，我说："庞先生，你还是放我回去吧"。他没办法了，结果就放我回系里了。放我回去以后，我就带留学生到南方实习了。所以反右的事情我不知道，我在南方，要我在北京就糟糕了，请愿书肯定叫我起草了，那肯定是极右分子了。留学生走了，我在上海，我说我想留在杭州，多学点技术，结果来电报，叫我赶快回来。回来以后，这些右派都公布了，谁谁谁是右派。

庞薰琹先生后来研究历代绘画的风格,写了一本书①。这本书出来以后,他送给我一本,讲历代装饰风格的,后来我有一个老师把它拿走了。庞先生很可怜,很悲惨。当时反正都住在学校嘛,三层楼那时候有一个房间,是庞先生住的。我们是住在四楼,上楼梯都看到他们家里庞先生的爱人②犯心脏病的情况。他爱人也是一个画家,有心脏病。反右的时候,受刺激,心脏病发作了,庞先生坐在那,他爱人就躺在他身上,反右的时候就去世了。

所以庞先生就是因为办学思想的矛盾,最后就是很悲惨的,非常悲惨。办工艺美院最大的功臣是庞先生,我现在都是这样讲的。前几天学校又来人找我说,这个话人家不敢讲,你讲吧。我就实事求是,我就这么讲。他说过几天以后要来录像,我说你录像就录像好了。

柴扉

柴扉先生结果也被划成右派,原来他当染织系主任。他一上台,我们就一起到全国各个丝绸厂啊什么的去调研,了解哪个地方有好的设计师,把好的设计师设计出来的样品带到学校,回来做资料。我用半年工夫,把那些丝绸样品整理、装裱,现在存在学校没人看,挺可惜的。柴先生他是主张设计要跟生产结合,教学与生产相结合。那么他呢,开学以后,因为全国各地最好的设计师,他都知道了嘛,就办了一个丝绸老艺人研究班。

---

① 应为《中国历代装饰画研究》,1982年由上海美术出版社出版。此书系统地论述了自战国至明、清装饰画的历史及其时代特色。如汉代的艺术特点是纯朴、浑厚,南北朝是灵巧,隋唐是清新、豪放,宋代是清秀、细致等。在每一历史时期,均选取有代表性的装饰画,从主题内容到表现形式进行深入分析。
② 丘堤(1906—1958),原名邱碧珍,字秀昆,福建霞浦人。画家,中国油画艺术的奠基人之一。1932年与庞薰琹结为伉俪。其大量作品因抗日战争及"十年浩劫"而毁,现存世的仅有20幅油画。

后来这个研究班的学员学习半年毕业以后，都成为当地最出色的一些领导干部。

张仃

张仃先生，他原来是中央美院实用美术系的主任。我们从杭州来了以后呢，因为杭州那个实用美术系主任是雷圭元先生，他就把这个主任让给雷先生。他原来学国画，画漫画的，他就到绘画系去了。他去以前，就查了实用美术系老师的档案，把研究生招在一起，把哪个老师艺术风格、为人，都很好的介绍给大家，让大家尊敬这些老师，才离开这个系。

反右以后，他回来先当副院长，后来当院长。他和张光宇[①]先生办了一个《装饰》杂志，他知道我文笔还可以，因为开始的时候我就到杭州去了嘛，没有参加《装饰》杂志的工作。"文化大革命"开始，《装饰》杂志停刊了。因为"文革"前《装饰》杂志有一篇文章介绍毛线广告，画着两个猫，这个猫原来在凳子上玩，跳下来的时候，把一个毛线球带到身上跳下去了，身上有一根毛线拉着。"文化大革命"中，就说这是骂毛主席，《装饰》杂志就停刊了，停掉了。那么"文革"以后，张仃当院长以后，《装饰》杂志就复刊。复刊的第一天，他就写那么小的一张条子，让黄能馥来参加复刊。我当时在染织系，结果就去《装饰》杂志，待了两年多吧。两年多，就办了《装饰》杂志复刊的工作。

张仃先生是很有创造性的，他的功劳在哪里呢？保护现代派的绘画，都是他的功劳。每一次整风啊什么的，他都受批判。他到法国去，就去看

[①] 张光宇（1900—1965），江苏无锡人。现代中国装饰艺术的奠基者之一。早年在南洋兄弟烟草公司广告部画月份牌年画。后与他人创办东方美术印刷公司、时代图书公司，编辑出版《上海漫画》《时代漫画》《独立漫画》等杂志。1949年后，任中央工艺美术学院教授，中国美术家协会理事。

毕加索①，因为毕加索是法共党员，他敢在绘画创作中大胆揭露法西斯的罪恶。张仃在绘画上，大胆吸收毕加索的色彩而别具一格。有人说他是毕加索加城隍庙，张仃说他坚持"百花齐放"的文艺政策，自己总是百花中的一花。怎么批判，他都不改，现在看来他的路子最正确了。张仃先生是很重才的，就是在学生里头有才干的，他都特别亲近，那么一个人，不忌才。

所以，这些像沈从文先生、张仃先生、柴扉先生、庞薰琹先生，对我影响都很大。他们都是以身教为主来影响学生，来教导学生的，而且坚持一个正确的方向，不管怎么整他，他也不改变。这些老师，那真的是铁骨铮铮啊，对祖国无限忠诚，而生活都很艰苦。

2005年，与恩师张仃（左）及香港《诗刊》主编王伟民（中）合影

---

① 毕加索（1881—1973），西班牙画家、雕塑家。是现代艺术的创始人，西方现代派绘画的主要代表。

张光宇

张光宇先生是非常有名望的，他在中国很早就办杂志，一些著名的杂志都是他主编的，特别有经验，而且他画的装饰画非常有名气。像我们张仃院长，很尊敬他，把他从香港请回来。请回来以后，比方星期六出去，从王府井帅府园中央美院走到长安街坐有轨电车，我们也就跟着出去。张仃先生就看到公交车、电车上面，一上车就找位置，找到位置就请张光宇先生先坐下，对张光宇先生非常尊敬。

那个时候，他跟张光宇先生商量要办一个工艺美术方面的专业杂志，就是现在的《装饰》杂志。开始叫《工艺美术通讯》，是内部的，后来公开了，就变成《装饰》杂志了。《装饰》杂志那个封面上的两个字"装饰"，就是张光宇先生写的。写的时候，我们在他家里，他坐在太师椅上写，我们在椅背后面就站着看。

编杂志，他说："怎么编，我教你们"。他拿了一张报纸把它叠起来，比方说是8开的，就叠成8开，16开或者是32开的，就叠成16开和32开。一张纸叠成几开那是有规定的，一张纸就叫做一叠。把几张纸叠好以后，用骑马钉钉好。钉上以后编上页码，然后把一些主要的内容怎么插进去，这都是他亲手示范，教给我们，所以后来我编杂志和书都用得着。他后来是在装饰系上课，我是在染织系，没听他的课。但是在研究生的时候听他讲这些，后来我编书、编杂志，排版、画版式就都知道了，就是从那个时候打下的基础。

雷圭元

雷圭元先生在杭州的时候就是系主任，原来他的祖父是外交官，他是很严肃的。在杭州，那个时候我刚上学，他夏天就穿丝绸的长衫、皮鞋，走路挺慢的，一步一步的，我们看到都挺害怕的。他是专门研究图案理论的，就是说一个写生的材料，怎么变成图案，他专门教这个。一开始就教对称啊、平衡啊、节奏啊，讲这些。比例，讲黄金矩形①，就是3.1416，就是根据这样的比例是最好看的，这也就是人体的比例。这些理论都是他教我们的。但是在实践当中，对称、平衡讲得很死，画得也很规矩，这样跟设计的要求、跟生产就有一定的距离。所以像张仃先生、柴扉先生、庞薰琹先生，他们不讲这个，他们讲生产实践的需要。我对这些兴趣也不是太大，因为我对画得很死板的东西不喜欢。他本人挺严肃的，所以平时没怎么接近。

后来到北京以后，他年岁大了，那个时候，因为"文革"以后全国艺术院校的助教，几十年一直当助教，就没提升。后来文化部说，叫雷先生当主任，办一个助教研究班，半年以后回去，马上升讲师，系里头叫我给雷先生当助教。雷先生讲了几次课以后，身体不好，吐血了。这样呢，他就教我讲课，叫我写讲稿，他看完以后叫我去念。所以那个阶段，每个星期要上课，我都写稿子请雷先生看，也就是这样一些来往，其他的没有太深的交往，但是很尊敬他的。

陈景烈、李鸿胜

对我在丝绸艺术方面影响很大的，也不算是老师，但是实际上是等于老师，有一个叫陈景烈。他是杭州最大的丝织厂——胜利丝织厂的总设计师，胜利丝织厂主要他在那负责。他是全能的，机器的构造、织物组织、图案设计他全能的。因为他跟柴扉先生很熟，我去他也很欢迎。他也没有

---

① 黄金矩形（Golden Rectangle），即长宽之比为黄金分割率，换言之，矩形的短边为长边的0.618倍。黄金分割率和黄金矩形能够给画面带来美感，令人愉悦。在很多艺术品以及大自然中都能找到它，希腊雅典的帕特农神庙就是一个很好的例子。达·芬奇的脸符合黄金矩形，同样也用了该比例布局。

儿子，我去特别欢迎，老去请我吃饭，什么都教我。把机器拆开来，装上去，叫我给他装，这样一步一步，我对织机几个部件的关系，以及丝绸那些很复杂的经线、纬线都很了解。最后，哪根线断了，要在几万根线里面找出来，要给这根线接上去，这个他都教我了。后来这个我也能找出来，主要是靠他，真是手把手教的。后来工艺美院办丝绸研究班，也请他来，他当学员，那时候我是这个研究班的班主任，就是这样的关系。

还有一个叫李鸿胜。李鸿胜自己在杭州开了一个小的厂，叫鸿胜丝织厂。实际上房子也挺小的，前面门脸是商店，卖丝绸的，后面一间房子摆了一台机器在那织。他也是很全能的，什么都知道，而且他理论修养比陈景烈高。我去，他就给我讲一些理论方面的东西，讲完以后，他就把他平时看的介绍机器的《机织学》，和介绍织物组织的《纹织学》《织物组织学》这些书都送给我，叫我看。因为他是很熟了，他已经用不着了，就叫我看这些书。后来，他到纺织研究院去当研究员了，到北京以后就没联系。

所以这两个人对我后来写这些书，影响很深。

3. 良师益友

李绵璐

在美术学院当研究生的时候，有一个同学叫李绵璐。李绵璐这个人脾气特别和气、特别好，他什么事、到哪里去都照顾我。我走路辨不清楚方向，跟人家问路，北京人说往南走，我说南在哪个方向，我都不知道。李绵璐很清楚，所以出去都是他陪着我，我们俩一直挺好的。他家里做一点好的菜，都叫我去吃饭，两个人就非常非常好。张仃院长对他也很好，也非常喜欢他，有什么事也都找他。全国编教材的时候，就找我们两个人当秘书。在编教材的时候，李绵璐就说："你呀，就多搞点学术，事务性的工作我来照顾。"像到云南，张仃先生也带我跟李绵璐去，还有一个人，三个人去采风、写生。对外联系都是李绵璐，我是管伙食。

人家一直觉得我们两个特别好，后来"文革"以后，他当了副院长，我一直做一些像编《装饰》杂志这样的学术性工作，写一些书。那个时候正好是"文革"开始以后，党让一些知识分子参加到党组织里面去。那时候我们学院新开了一个史论系，史论系的学生就在那议论说："李绵璐是走搞政治这条路，黄能馥是搞学术研究这条路，李绵璐路线还不如黄能馥路线可靠。"有的学生就来告诉我，说现在学生里头流行一个"李绵璐路线"，一个"黄能馥路线"。我听了以后,觉得这下可糟糕了,我在学生中起不好的影响了。原来在"四清"的时候,解放军部队都推荐我入党,都有档案,这样我就申请入了党。李绵璐比我入党入得晚。

丁志平

丁志平,也是到丝绸研究班来的。1949年之后,设计丝绸图案的好多人都失业了,结果在政府的帮助下,成立了一个纹工生产合作社。"纹工","纹"就是纹样,设计纹样的工人叫做纹工。纹工生产合作社,丁志平在那负责。当时条件很苦,就是一间房子在二楼,爬梯子爬上去以后,走路那个地板都颤动。当时我们丝绸主要是卖到苏联跟东欧一些新民主主义国家去的。像苏联的专家、东欧的专家来,上那个楼,看到这样简陋的地方能设计出那么好的图案来,生产出那么好看的丝绸,都非常惊讶。苏联人他们也不太会形容,就说中国丝绸是用金手做成的,就是很尊敬。

当时纹工生产合作社是专门画图案的,图案画出来以后,要到丝绸公司去评选,那些适合销路的就投产。我在1953年的时候,就到纹工生产合作社去实习,就是丁志平那个地方。我画的图案,他就都拿去参加评选,完了参加生产。当时设计的是中国最主要的品种:一个叫织锦缎,还有一个叫风景古香缎。这个风景古香缎,就是画点房子、一点树、几个小人儿,都是这样的,从清朝末年一直到解放,几十年基本上都是那个样子的。那么我设计的,就是把这个房子跟人改掉了,在树林子里头一群鹿,叫做鹿苑。结果丁志平就拿去生产,后来这张设计图案多少年都是销路最高的,所以得了金奖。这都是丁志平帮助的。

后来丁志平从丝绸研究班毕业以后,回到杭州,就当了浙江省丝绸总公司的总经理。当时丝绸花样分两个派路,一个销到东欧跟苏联去的,叫做"苏新国家派路";一个销到香港那边去的,叫做"资销派路"。后来,"资销"这一方面路子很广,除了丝绸出口以外,丁志平就开了一个华丝公司。他把丝绸做成服装出口,所以他对中国服装出口、丝绸出口功劳是很大的。丁志平,他待我就非常好,后来当那么大的官,我每次到杭州去,他都把我请到他家里去吃饭,就很要好。

蔡作意

丝绸研究班毕业生里头有一个叫蔡作意[①],在上海丝绸公司底下一个设计室专门设计印花丝绸,当时在这些设计人员里头比较年轻。他回去以后,我到上海去,他就领我到工厂去参观。当时日本人用手绘画丝绸,他们不许人去看。画的时候都是戴口罩的,因为怕唾沫沾到丝绸上就有印子,要戴口罩画,平时不许中国人到车间去看。蔡作意就在吃中午饭的时候,日本人都休息了,车间没人的时候,就领我去看。所以一些丝绸印花方面的技术,都是通过蔡作意的帮助学到手的。

另外,当时国际上丝绸要根据流行的颜色来生产,美国当时有些中小型的纺织厂因为预测流行颜色预测得不准,结果百分之八十都倒闭了。国际上有一个流行色协会,专门预测,就是今年春天预测明年会流行什么颜色,冬季预测后年的春季,春季预测明年夏季的,每年都开会研究。当时流行色有规律,它大概五年变化一次,比方这五年里,头一年原来是流行蓝色的,有些人忽然穿起黄的、红的颜色来了,那么到第二年,穿红的、黄的人就越来越多。它有规律,就五年一个周期,比方这次是流行蓝色主调的,五年以后就变成红色跟黄色,红色、黄色五年以后又变成蓝色跟绿色。这个预测如果错了,生产出来的东西就卖不了,预测对了就能赚大钱。

---

① 蔡作意(1928—),浙江湖州人。高级工艺美术师。擅长丝绸图案设计、色彩设计。曾进修于中央工艺美术学院。曾任上海丝绸研究所副所长,中国书画函授大学名誉教授,创建中国丝绸流行色研究中心并任主任,1982年创办中国流行色协会,创办流行色杂志,任《流行色》杂志秘书长、主编。

所以，当时蔡作意就跟我商量说："咱们也搞一个流行色协会吧。"我说："好啊，咱打报告。"结果打了一个报告给纺织部批，当时纺织部有七个副部长，这个报告上去以后，一年里头，这个部长看完圈了一个圈，又给另外一个部长，另外一个部长看完了，又圈了一个圈，不加意见，一年里传来传去，最后没结果。后来郝建秀当部长了，她马上抓这个，就批准成立中国流行色协会[①]，在上海，同时办了一个《流行色》杂志。当时我因为跟蔡作意关系很好，反正我到上海去，都是蔡作意安排住的地方，有什么事大家一起商量，那么他就请我当流行色协会的顾问、专家委员会委员。

金纯荣

金纯荣[②]是从北京丝绸研究班毕业后，回到苏州当纺织研究所的所长。当时我们学校想开纺织的生产实践课，叫我开这个课。开这个课要有机器，有原料，当时棉纱都是国家统制的，就是没有国家计划你买不到，有钱也买不到。而且学校里做实验、学生搞设计，不是说一种颜色、一种粗细就可以，各种粗细的都要有。还有颜色，各种颜色都要有，比方一个黄颜色，它从浅黄到深黄、中黄、柠檬黄，很多很多种黄，一般不是学美术的人，分不清楚黄的层次。那么，怎么办呢？当时我们学校在光华路，光华路有一个光华染厂，专门染线的，染的时候有一些线头乱了，乱了以后就拉不出来，这种线就废了，当废品了。我到染厂，跟他们商量，把他们那种废线买回来，就用自行车，一车车拉到学校，好不容易把各种颜色、各种粗细的都准备好了。

[①] 中国流行色协会，经国家民政部批准于1982年成立，是由全国从事流行色研究、预测、设计、应用的机构和人员组成的社会团体，1983年代表中国加入国际流行色委员会。是中国科学技术协会直属的全国性协会。

[②] 金纯荣（？—1966），著名丝绸品种和纹织设计师。

六 我生命中的他们

另外那个机器，我到苏州丝绸工学院做了一台木头的机器，这台木头机器叫背刀机，就是用纹钉钉在纹板上，控制那个花纹的。做回来以后呢，学校叫我搞这个。可是一个年级有20来个学生上课，要有20来架纺织机。我说，一个是没钱买大量的铁的机器，买来以后也没人会开，所以就用土办法。先是我到湖南通道县侗族——少数民族，到那去学，看侗族织机是怎么样的，看到了侗族民间的木头机器。我平时因为知道机织的原理，所以一看就懂，我就买了一台机器回来。回来以后加以改进，叫我们木工房做了十几台木头的机器，加上苏州带回来那台用纹板纹钉的刀背机，就上课。这个课学生兴趣特别大，因为配颜色，要换颜色只要把原来的色线掐断，换上另外一种颜色接上头就可以，所以学生兴趣特别大。但是，可惜这些机器在"文化大革命"的时候，都被红卫兵给砸掉了。当时花了很多心血，因为像控制那个经线密度的筘，原来一般工厂都用钢筘，我们学校上课如果用钢筘，不上课停了几个月没用，就都上锈了。所以后来就想办法到苏州做竹筘，要各种密度的，几十把不同规格的竹筘，都买回来，在学校木工房做织机。木料是到大红门自己去买的。人家问我："你要买几方啊？"我说："什么叫方啊？"我一点儿都不懂。后来知道，一方等于一平方米[①]，木料都已经开好的，叠起来一平方米，叫作一方。反正都是这样，一步步地问。钢筘也是几号筘、几号筘，都不懂，就是慢慢地一点一点学，回来开这个课。但是到"文化大革命"都给砸掉了，"文革"以后他们就问我，你还搞不搞了？我说，不搞了。所以"文革"以后，这个课到现在没人上，就是这样的。一些基础知识怎么操作，都是金纯荣教给我的。

---

① 此处有误。应为一立方米。

冯其庸

我与冯其庸[①]先生的关系是这样的：他原来是中国艺术研究院的副院长，《红楼梦》学会的会长，专门研究《红楼梦》的。有一次，他想拍《中国丝绸》的连续片，我当时跟陈娟娟两个人在定陵，那个时候也没有博物馆，在定陵是很艰苦的时候，去鉴定定陵出土的那些文物，给它定级。也不知道冯先生怎么知道我们在定陵的，他就找到定陵，来找我，我就把丝绸从原始社会一直发展下来的经过和情况，跟他说了一遍。他说："那很好，这就是一部丝绸史。你当我们《中国丝绸》这个纪录片的顾问。"一开始就这样认识，后来这部片子拍出来，没有公开放过，他就不当院长了。

后来我写丝绸方面的书，也请他去看了，他都给提一些意见，都是鼓励的。特别是我跟陈娟娟写《中国丝绸科技艺术七千年》，这部书出来的时候，他评价就非常高，在报纸上写了好多文章，说"是前无古人，后无来者"，"用生命写成的"。这都是他鼓励我的文章，所以冯其庸先生对我们特别好。

贺斯奇

贺斯奇呢，他是一个会计师，是英国人，在香港定居的。他一直喜欢收集中国的龙袍，收集了很多。原来香港陶瓷协会准备搞一个中国龙袍的展览，邀我跟娟娟去。因为没港币，我们去不了。那个展览会结束后，有一批外国专家，共 19 个人，到北京来看我们，贺斯奇也来了。可是贺斯奇

[①] 冯其庸（1924—2017），江苏无锡人。先生曾考证丝绸之路和玄奘取经之路，出版大型摄影图册《瀚海劫尘》。1998 年 8 月，他 74 岁高龄，第二次上帕米尔高原，于海拔 4700 米的明铁盖山口发现玄奘取经回国的山口古道。冯其庸的这一发现，轰动了中外学术界。

不懂中文，他听不懂中国话，也不会讲中国话，只有用手比划，所以没有太深的接触。后来我写《中国丝绸科技艺术七千年》，因为需要一些资料，我就给他写一封信。他就回信给我，他说凡是他的，我都可以用，另外他的朋友的也可以用。他就寄给我一本书上发表的，我就翻拍，所以国外的很多资料都是他提供的。

王耿雄

中山服，孙中山先生开始穿是七个纽扣，后来我们中山服是五个纽扣，人家说这五个纽扣是五权宪法，三个口袋是三民主义，这都是后来人讲的。当时孙中山先生的照片，这些照片哪来的呢？就是我们丝绸研究班有一个叫王耿雄[①]的，是上海的一个设计人员，他画印花丝绸画得特别好。这个人在上海没事的时候，到福建路一些旧货店里去看。有一次看到一批底片，他打开一看，全是孙中山跟宋庆龄的，一大批。所以孙中山先生开始穿中山服，那个照片哪来的？就是从王耿雄那里拿来的。后来他把这些底片都捐献给了全国政协。

蔡子谔

蔡子谔，我跟他没见过面，是河北出版社的关系。他写了一部《中国服装美学史》，这部书请我写序。我一看这部书，非常了不起，牵涉面很广很广，他这个人学问面、知识面非常广，而且分析得很深。我是非常佩服，

[①] 王耿雄（1923—），江苏吴县人。上海第七印绸厂图案设计工程师，高级工艺美术师。擅长丝绸印花图案设计。1957年中央工艺美术学院丝绸艺人创作研究班结业。创作真丝印花绸新花样为历届中国出口商品交易会选为展品。多次被评为全国设计优秀者及全国设计能手。

因此我给他写了一篇序。后来这本书得国家图书奖了,最高奖。但是,我跟他本人没见过面,大体情况是这样。

  我就是这样过来的,一点、一点地积累。一个是碰机会,一个是靠同志们帮忙,这样过来。这些都是他们帮过我很大忙的一些朋友。我这个人平时跟人家交往也不多,也不太会主动跟人家去交朋友,不会这样。所以,除非在业务上有关系的这样一些人,其他人我就没有怎么打交道了。

4. 得意门生

学生里头，一个是李当岐[①]。李当岐是"文革"复学以后第一批学生。那一批学生都画得特别好，写文章也写得特别好。十多年没有招生了，都沉下来了。那个时候，我们去编《装饰》杂志，都是兼职的。李当岐他一直学日文，他到工艺美院上学以后，日本人写的关于服装方面的一些文章，他就翻译，翻译以后给我看。我正好编《装饰》杂志，他翻译出的文章，我就给他发表。发表以后，结果染织系主任就找李当岐，说："你没有通过我，你就发表去了。"李当岐就害怕了，来找我，问我该怎么办？我说："他管不着的，这是两个系统，《装饰》杂志专门有我们《装饰》杂志的系统。我们经过审查发表，跟染织系没关系的，你继续写，你写出来我就给你发表。"从那以后，李当岐跟我关系就特别好，什么事都来找我。后来因为他日文不错，就到日本去留学，留学回来写了一本《服装概论》，都是一些新的知识，过去我们也没看到这样的书。所以我写那个《中国丝绸科技七千年》，有很多观点也是参考了《服装概

[①] 李当岐（1955—），河南灵宝人。1982年毕业于中央工艺美术学院染织美术系，并留校任教，1986年受国家教委（现教育部）派遣赴日本留学。现任清华大学美术学院党委书记、教授、博士生导师，中国服装设计师协会副主席，中国美术家协会服装设计艺术委员会主任。

论》。后来他当清华大学美术学院院长，待我都特别好，我们一直都保持着特别好的关系。

刘元风[①]比他晚半年，也都是"文革"以后的学生。刘元风画服装效果图，画出来很生动。他作业画出来的服装效果图，我就拿来给他发表。

---

① 刘元风（1956—），河北沧州人。1982年毕业于中央工艺美术学院。北京服装学院院长、博士生导师，兼任中国服装设计师协会副主席，中国纺织工程学会副会长，中国民族服饰研究会副会长。

七
龙文化

文化是什么？

原来在考古学界，比方仰韶文化①、龙山文化②，各种文化，考古界在以前有这样的说法，就是必须这个社会发展到有文字，出现了一个是文字，一个是青铜冶炼技术，第三要有城市，有这些条件才能形成一种文化，是这样解释的。所以我讲中国服装有七千年的历史，有人说你不能讲中国服饰文化有七千年。我想，社会文化是多方面的，社会的文化发展它并不是说一下都出来了，不是这样子，它是一项一项出来的。那么在服装、丝绸这方面，它有实物证据、有铁证，是七千年前就有了。另外考古是跟着科学发展的，以前有很多没发现的，现在新发现了，所以过去所说的历史年代，不能很绝对。现在我们说五千年历史，也许定的底线是五千年，可是现在根据考古发现，文字不是五千年，现在发现五千年前已经有几百个文字；青铜冶炼技术虽然不成熟，但是五千年前也有，曾发现了一个五千年前的铜片；城市、建筑这些更早，有许多，像河姆渡③离现在七千年，那个时候建筑房子在水滩底下打了桩，上面盖的房子，最后还有推拉门，水稻都有了，我们义乌就发现水稻一万多年前就已经有了。所以根据新的发现，

---

① 仰韶文化，是中国新石器时代最重要的文化遗址之一，属于农业文化、彩陶文化，距今约 7000 年至 5000 年，因 1921 年首次在河南省渑池县仰韶村发现，故名。目前在黄河中游及其边缘地区，共发现仰韶文化遗址五千余处，其分布范围：东起豫东，西至甘肃、青海，北到河套内蒙古长城一线，南抵江汉，中心地区在豫西、晋南、陕东一带。

② 龙山文化，泛指中国黄河中下游地区新石器时代晚期的一类文化遗存，因首次发现于山东省济南市历城县龙山镇（今属章丘）而得名，年代为公元前 2500 年至公元前 2000 年。主要分布于河南、山东、山西、陕西等省。这个文化以许多薄、硬、光、黑的陶器，尤其是蛋壳黑陶（分布于日照、济南）最具特色，所以也叫"黑陶文化"。

③ 河姆渡遗址，是中国新石器时代晚期遗址，位于浙江余姚市河姆渡镇，面积约 4 万平方米，1973 年开始发掘，是中国现已发现的最早的新石器时期文化遗址之一。

我说底线可能过一个阶段以后,它还会往上推,从单项来讲七千年服装、丝绸,这都有实物证据。

现在讲文化艺术是一种社会实践跟生产斗争的总和,就是社会实践的经验跟生产斗争成果的总和,那就是文化。通过一些艺术的表现映射出来就是艺术,它是一种上层建筑,对社会的发展要起一种推动作用。

1. 缘起

小时候，我们老家过年闹龙灯①，特别热闹。闹龙灯有两种方式：一种是叫布龙，它是用竹子编的一个竹笼子，把这竹笼子用红布连起来，竹笼子外面糊着纸，画着龙的鳞。前面一个龙头，后面一个龙尾巴，底下有一根棍子，拿着的。在这前边是有一个人拿一根棍子，上面一盏灯，那叫龙珠，和现在电视上看到的一样，它可以吊龙灯，就串起来，一般是十几节到二十几节。另外一种叫灯板龙，灯板龙的规模很大，气魄也很大。先是一块板上面放着一条龙，用金漆漆的木雕的龙，这个是龙头，后面一个龙尾，也是一块板上雕了一个龙尾。每块板的两头有一个窟窿，可以插一个棍子，插进去就接起来，一节、一节接下去。龙头打扮得特别漂亮，因为龙头板的两侧用铁条做出灯架，有三层的，每一层上面都可以点灯，三层之间用锦缎、彩绸、刺绣给它包起来。里面的龙看不见，外面就成为很漂亮的龙灯头。一般是一个村庄或者是一个家族有自己的龙，像我们那个家族是很大的，龙接起来可以几公里长。前面都是年轻人用架子抬着那龙头，再前面是敲锣打鼓的，有乐队在前面走。这个龙走到一家，比方有钱人家或者是大的商店门口的时候，人都出来迎，来点香、放鞭炮，放炮仗。有

---

① 闹龙灯，即舞龙灯，是中华民族的传统文化活动，各民族都有舞龙灯的习俗。

的有钱人家一天一夜他不放你走的,但是这些年轻人,就是比方碰到一家人家,龙头准备停下来接着点香火的时候,拉着这条龙灯往回撤,一口气跑到没有力气为止,几里路跑出去。所以一般元宵(正月十五)的时候,那个龙有时候是三天三夜都回不去,龙灯停在哪家门口时,人家都请乐队到家里面去奏乐,请他们吃饭、喝酒,特别的热闹。所以我小时候特别喜欢过年,就主要跟闹龙灯分不开。

另外,我们家乡,像在1937年的时候,闹旱灾,两个多月不下雨,稻田里的水稻都枯了,快死了。这样村里就把我们龙灯的龙头请下来,把它抬到一个荒野的地方去。大树底下搭个草棚,推选了几个人跟道士一起到龙潭。龙潭在哪我也不知道,说是在山上。到龙潭去接龙,就是一个水池似的,水池边上道士就在那念咒,不断地念。念到忽然水池里头跳出一个动物,比方一个青蛙啊什么的,说那就是龙的化身,马上把青蛙接起来,装到一个瓷瓶里头,就背回来了。背回来到草棚那个地方,人们就往草棚上浇水,那个时候不许人们戴雨帽,特别特别热闹。那年他们把龙请回来以后,果然到第三天就下雨了,下了很大的雨。所以我对这些印象都非常深,我小时候对龙印象就非常深,对龙印象非常好。

后来到北京以后,看到故宫那些龙就不一样了。民间那个龙造型都比较和善,很亲善的,没有让人害怕的那个样子。但是到北京,那种龙就很严厉的、很凶,形象不一样,所以官方跟民间它不一样。另外在一些民间的工艺美术品,例如义乌的木雕,比方洗脸盆的架子和木雕花床上面都是"龙""凤"这个题材。到北京以后,知道出口工艺品,龙凤题材是最受欢迎的。因为国外华侨也都非常欢迎,主要的题材就是龙凤。但是,到"文化大革命",说龙是代表皇帝的,就是皇帝的化身,就不许用了,如果用龙,那设计人员甚至于要坐监狱,这个印象非常深。我对龙文化的认识就是这样子开始的。

2. 龙是中华民族的图腾崇拜[①]

前些年社科院有人发表文章，说龙就是鳄鱼。龙，它是一种人文动物，不是一种自然动物。在商代有一件龙纹觥[②]，喝酒用的觥，觥的盖上雕了一条龙，在侧面有各种各样的动物。其中有一条鳄鱼，鳄鱼我们叫它猪婆龙，它是龙的一种，不是正规的形象，确实偶尔传统文化里有这种鳄鱼的形象，但不是说龙就是鳄鱼，因为鳄鱼是自然动物。说龙就是鳄鱼，是一种生物，这是不对的。那么四亿年前有一种动物叫恐龙，那也是不一样的，恐龙后来自然灭绝了，龙是一种精神文化，它一直传下来。

从普遍性来看，学者的研究，我只看到郭沫若先生写过一篇文章，他说在古代龙跟蛇是合为一体的，古代说龙的形象是人的脑袋、蛇的身体，所以龙跟蛇的关系比较密切。郭沫若先生说，古代蛇非常多。人出去的时候，我们现在问好："你好吗？"那个时候是问："有蛇吗？"郭沫若先生的文章，说到这个事情。所以为什么说一定选择龙作为我们的一种图腾崇拜，原因可能跟这方面有关系，因为图腾崇拜各个民族有不同的习惯。

[①] 图腾崇拜，是将某种动物或植物等特定物体视作与本氏族有亲属或其他特殊关系的崇拜行为，一般以动物居多，是原始宗教的最初形式。图腾崇拜是一种宗教信仰，约发生于旧石器时代晚期的氏族公社时期。

[②] 觥，中国古代盛酒器，青铜器。流行于商晚期至西周早期。椭圆形或方形器身，圈足或四足。带盖，盖做成有角的兽头或长鼻上卷的象头状。有的觥全器做成动物状，头、背为盖，身为腹，四腿做足。

3. 龙文化的发展

因为"文化大革命"时期把工艺美术设计也看作阶级斗争，阶级斗争是要年年讲、月月讲、天天讲的。那个时候很强调阶级斗争，说这个龙是代表皇帝的，是统治阶级的一个政治标志，所以不许再用龙。但是我研究龙，我觉得我们封建社会不过两千多年的历史，奴隶社会到现在四千多年，但是我们考古发现八千年前，已出现龙文化。那就是离出现阶级四千多年前，龙文化已经出现了，那怎么能说它是阶级斗争的产物呢？所以，我就很大胆地在"文化大革命"的时候写文章。那时候谁要是否定龙和阶级斗争的关系，那时候不得了，要坐牢的。但是我有充分的根据，我就觉得这个龙不是阶级斗争的产物。

当时我在家里写这个文章，我爱人在故宫，她和故宫博物院的院刊主编谈起这个事情。这位主编叫刘北汜[①]，他说，他也很赞同这个观点。他说："这样子，黄能馥敢写，我就敢登，叫他拿来我给他登。"结果这篇文章拿

[①] 刘北汜（1917—1995），吉林延吉人。1943年毕业于昆明西南联合大学历史系。作家、文学家、历史学家。曾任故宫博物院《紫禁城》杂志主编、研究室主任，紫禁城出版社社长，中央文史研究馆馆员、编审，北京史研究会副会长，中国古都学会第二届理事，中国俗文学学会副会长。

去，他登在《故宫博物院院刊》复刊以后第一期第一篇[①]。这是我觉得我一生里头做的一件比较重要的事情。这篇文章出来以后，对外文联[②]有一个刊物，向全世界用十六种文字发行的叫《今日中国》，它也是停刊以后复刊。他们看见故宫这篇文章以后就来找我，我原来在故宫是写龙跟凤，他们是叫我专门写龙，叫我写一篇龙。我想来想去，想出一个题目，因为中国是多民族的国家，中国不管哪个民族，凡是中国人都喜欢龙，而且从原始社会一直下来没间断过，所以我说龙文化是中国传统文化的象征[③]，就想了那么一个题目。

另外，中国人为什么称自己是龙的传人？因为从古代到现在，包括全世界有华侨的地方，都觉得龙文化跟自己关系非常密切，哪个民族都有这样的。所以中国在民间文学或者工艺美术各方面，龙文化都是很普遍的。龙的文化反映在各个方面，体育运动、戏剧、舞蹈，没有一样例外，都离不开龙文化，而且一直几千年下来都是这样子，没有间断过。所以我说龙文化是中国传统文化的象征，我就想了那么一个题目。

中国人就是龙的传人。但是，中国龙文化到封建社会，到阶级社会以后它就分化了。在原始社会，龙是作为一种保护人们的保护神，因为我们在辽宁阜新查海村发现了一条八千年前的龙。它是怎么回事呢？用赭石颜色那种石头堆起来，平铺起来，铺出一条龙。这条龙是 19.8 米[④]，将近 20 米长，宽一米八到两米多。这样一条龙，是在地上摆出来的摆塑。这条龙的腹部底下就是坟墓，背上那边是村庄、村落，所以看得出来龙是一种保护神。

1987 年在河南濮阳西水坡遗址，那个地方发现了一个坟墓，这个坟墓葬的是一个男性，这个人身高将近一米九，是一个很强壮的年轻男性。在

---

① 《谈龙说凤》，发表于《故宫博物院院刊》1983 年第 3 期。
② 对外文联，应为中国外文出版发行事业局，简称中国外文局。
③ 黄能馥：《龙——中国文化的象征》，《今日中国》1985 年第 2 期。
④ 根据有关资料，此龙长 19.7 米。

背面用白颜色的蚌壳堆出一个老虎，在腹部下面堆了一条龙，这个龙也是一米八几，很长的一条龙，一头还有点像北斗星的样子。考古学家分析，这个男的大概当时是一个部落领袖，是很勇敢的，他死了以后，用龙、老虎、北斗星来纪念他。这是在五千多年前的事。

另外，1971年在内蒙古翁牛特旗三星塔拉村红山文化遗址出土一条玉龙。这条龙是五千五百年前，有26厘米长，墨绿色的一条玉龙。其他地方还有许多瓷器、彩陶，上面画着龙的那比较多了，这个就不说了。

在古代，像现在出土的彩陶这些，都还是母系社会时候的文物。那个时候，龙一般没有龙角，都没有角，好像六个遗址里出土的有龙纹的文物中的龙，只有一条龙有一只角，其他都没有。但是，到奴隶社会，就是夏商周这个时候，龙都带角了。由母系社会过渡到父系社会都带角了，所以这象征就改变了，象征男性掌权了，龙的性格在改变，所以形象也改变了。原始社会它是一种祖先崇拜，到奴隶社会，龙变成一种权力的象征，它就不一样了。

到封建社会，龙变成了皇帝的化身。这是从什么时候开始的呢？在古代，像奴隶社会，也有一种传说，说夏禹王的父亲叫鲧，夏禹王治水的时候，有一条龙力量很大，就用龙尾巴画了一条河，水就流到海里去了。他的父亲鲧死了以后，过了三年变成了一条龙。有这样一种龙跟领袖、自然的联系，在奴隶社会开始是这样。到封建社会更进一步了，汉高祖刘邦就编了一个故事，说他的母亲有一天在野外，忽然天下雨了，有一条龙下来跟他母亲交配，后来生了他，所以他说有时候喝酒喝醉的时候，头上出现一条龙的形象。这样就把他自己说成是龙的儿子了，是"龙种"了。所以封建社会从他开始，龙就作为皇帝的祖先了。这样一步一步转化下来，从这开始，宫廷文化跟民间文化就分两条路走了。统治阶级是宫廷文化，龙的造型都非常威严、非常凶，民间的龙就是很亲切的，从封建社会就开始分化，这样下来。现在当然封建社会那一种龙已经进到历史博物馆了，但是民间的龙文化会长期发展下去。

4. 龙的艺术风格发展

首先是龙有角没角，原始社会它是没有角的，到商周开始有角。在商代龙有几种形式，像河南安阳是商代的首都，有一些玉雕的人物前胸刻着一个龙头，是古代饕餮纹①差不多的；两个肩膀上两条龙很简单像一条蛇那样，往下走的，叫作降龙；两条腿上两条龙是往上走的，是升龙，在河南安阳看到的是这样的。在四川三星堆出土的商代青铜立像，上面的龙画得就比较华丽了，跟后来的龙就比较像了。到后来龙的形象越来越丰富了，龙的角，比方商代有几种角，一种是牛角形的，一种是鹿角形的，还有一种像一个"而且"的"且"，两个且字形的角，是这样的。后来，鹿角形这种造型发展得比较多了，到汉代也是用鹿角形的角了。

汉代的龙造型多是在地上走的、跑的，气势很勇猛地往前冲，特别有力气，特别有气势，特别威武，这样一种龙的造型。它都是四只脚在地上走，有时候带两个小的翅膀。到南北朝的时候，龙就飞起来了，像飞天那

---

① 饕餮纹，青铜器上常见的花纹之一，最早见于长江中下游地区的良渚文化陶器和玉器上，盛行于商代至西周早期。饕餮是一种想象中的神秘怪兽。这种怪兽没有身体，只有一个大头和一个大嘴，十分贪吃，见到什么吃什么，由于吃得太多，最后被撑死。它是贪欲的象征，是龙的第五子。此兽是古人融合了自然界各种猛兽的特征，同时加以自己的想象而形成的，其中兽的面部巨大而夸张，装饰性很强，故常作为器物的主要纹饰。

样子，它的身体就能够飞上天。到了唐代，主要都是飞起来的龙，蛇体形的，身体是一条长蛇，在长蛇的基础上给它美化。到唐朝龙就是非常美化了，比较柔和，风格就不一样。到宋以后，造型就比较固定下来了，到明朝、清朝，皇帝龙袍上面，还有故宫那些龙，造型都差不多，就很威严的，很有气势。

在民间就不一样，像苗族的龙，到现在苗族刺绣的龙，跟商代青铜器上那种龙以及玉人身上雕那种龙，形象基本上是一样的，比较朴实。

5. 十二章中的龙纹

十二章①里头的龙,它的地位是很重要的,说龙能够"兴云雨",它神力很大,所以它作为皇帝的一种化身。龙袍上面十二种花纹中,龙是很重要的。龙开始时候也不是很大的,像唐代,我们看唐代绘画里头,十二种花纹不全,不是很全的。一直到五代的时候,我们看到有一些龙袍上有十二种花纹的,所以这十二章,也是学者一代一代给它不断丰富,把皇权美化,这样下来的。到宋以后,十二章——这十二种花纹就比较固定了。龙纹在唐代就开始放在龙袍的重要位置上了,唐代喜欢大团花,皇帝穿的朝服有四个大的盘龙团花,肩膀上两个,前胸后背两个,唐代就是这样。后来到宋代以后,特别到明清时期,一般龙不止四条了,清代的龙袍有时候是九条大龙了,或者是五条大龙,有的人写文章说那是象征皇帝"九五之尊"②。前胸后背、两个肩膀各一条,衣襟的底下还有两条,前后襟共四条,加上这个四条,一共八条龙,再加上有时候底襟里头还有一条龙,九条。

---

① 十二章,古代天子之服绘绣的十二种图像。衣绘日、月、星辰、山、龙、华虫称上六章;裳绣宗彝、藻、火、粉米、黼、黻称下六章。
② 九五之尊,九五指帝位,旧指帝王的尊位。出自《易经·乾》:"九五,飞龙在天,利见大人。"数有九,五居正中,若峰,在其之巅。具鼎盛之势。不偏不倚。

闭口龙比较难画，传统是那么讲。但是在明朝初年，龙口都是闭着的。为什么？因为皇帝开金口，不能随便说话，所以龙口也是闭着的。只有明朝前期是这样，因为开口看起来比较威严，闭口比较显不出那威严来，所以闭口龙用在明朝初期，明万历以后，龙是开口的。

龙也分规格，规格高的五个爪，规格低一点的，到元代就是四个爪、三个爪。在以前，龙一般是三个爪比较多，像唐代的龙前身三个爪，后腿有时候是四个爪。大概宋代就有五个爪的了，五个爪一般是在元朝初年的时候。到元朝初年的时候，龙袍老百姓也都能织，在街上有卖的。结果元朝皇族，皇帝的兄弟到街上走的时候，看到有人卖大龙、全身龙的龙袍，就回去跟皇帝说，现在街上都有人卖那种大龙、五爪龙，跟我们穿的衣服一样了，你赶快下令不让他们穿吧。于是皇帝就下命令，不许老百姓穿五爪的龙。到明朝进一步规定，五爪的叫龙，四个爪、三个爪叫蟒，就是"大蟒蛇"的那个"蟒"。只有皇帝跟皇帝的亲属可以穿五爪的，其他的官再大也不许穿五爪的，只能穿四爪、三爪的，这样规定下来。

从隋朝开始，隋炀帝的时候，有人说十二章纹，把星星搁在后背上，日纹跟月纹搁在两个肩膀上，这就是说"肩挑日月，背负星辰"，是说皇帝责任很重大的意思。那么到唐朝，就只许皇帝穿明黄，叫赭黄，我们现在是叫中黄了，"中间"的那个"中"，只有皇帝能穿。因为黄颜色代表太阳，说"天无二日，国无二君"，一个国家就只能有一个皇帝。所以从唐朝开始，明黄颜色只有皇帝能穿，隋朝开始"肩挑日月，背负星辰"，一直传下来，到清朝都是这样子。

龙袍颜色从明朝就开始，规定很严格了。皇帝本人、皇后、皇太后可以穿明黄颜色，其他人像皇太子，就只能穿橘黄颜色，不能穿明黄颜色。清朝也是规定只有皇帝能穿明黄颜色，皇族穿的就不是那种黄，是另外变颜色的黄。

所以除了颜色和爪子之外，他们龙的形制基本就没太大的区分了。

八
中国服饰史

1. 人类为什么要穿衣？

从历史上来看，服饰，我说这个"饰"，就是装饰品，比服装穿的"服"要早。我说"饰"比"服"要早，这也是考古发现的。很早很早以前就有装饰品了，几万年前就有了。"服"它时间比较晚一些，虽然也是几万年前，比方要用兽皮、用骨针来缝，它要有针。最早的是用骨头做的骨针，我们现在看起来，中国发现最早四万年前有骨针了，山顶洞人[①]是在两万五千年前，但是四万年前的骨针比山顶洞人做得还好，很光滑。

那么，为什么穿衣服？人最早身上是长毛的，毛能够保暖、护体，所以不用穿衣服。后来因为发明了火，有了火以后，可以把打猎回来的野兽给烧熟了以后吃，比生的好消化，营养比生吃要好了，慢慢体毛就没有了。体毛没有以后就要怕冷了，所以火的发明跟服装有很大的联系。我们国家大概是在八十万年前，人类祖先已经发明用火了，北京人才五十万年前，北京人也是用火。到两三万年前的时候，我们祖先已经用装饰品来美化生

[①] 山顶洞人，中国华北地区旧石器时代晚期的人类化石，属晚期智人。因发现于北京周口店龙骨山北京人遗址顶部的山顶洞而得名，1930 年发现。曾推定为距今约 1.8 万年。最新测定结果表明，山顶洞文化年代应介于距今约 3.4 万年至 1.6 万年之间。山顶洞人处于母系氏族公社时期。

活，在河北原阳虎头梁遗址[①]就曾发现穿孔的贝壳、钻孔的石头等装饰品。到两万多年前，装饰品像项链是用野兽的牙齿、鱼的骨头串起来的，在山顶洞发现几颗半圆形的，显然以前是穿上一根绳上戴的。最早时候的装饰是一种图腾崇拜，是保护神。穿衣服，最早的时候也不是光是为了保暖，所以我看山顶洞人那些装饰，都是用红颜色染过的。为什么用红颜色染呢？因为红是血的颜色，血如果没有了，人就死了，所以血液代表生命。人开始戴装饰品都是一种保护，一种自然崇拜，是这样开始的。穿衣服不是完全为了物质性的，一开始从很早很早起，就有精神的作用。所以穿衣服，一个是为了保暖、护体，另外一个是为了美化，美化不光是说好看，它是带有一种精神内涵的。

---

① 虎头梁遗址，位于河北省阳原县东城镇虎头梁村东南约 800 米处，1972 年，由中国科学院古脊椎动物和古人类研究所盖培、卫奇发现并发掘，发掘出了以楔形石核和尖状器为主的大量石器，还发现了古人使用过的灶坑。

2. 中国服装的历史变革

根据社会的发展，每个阶段服饰都有变动。

原始社会，大概是七千年前我们已经有纺织品了。更早没有纺织品的时候，冬天冷的时候，用兽皮做衣服，那肯定很简单了。有了纺织品以后，就可以做合体的衣服。我们现在看起来，七千年前的衣服究竟怎么样？完整的现在看不到。那么七千年前的帽子，西安半坡彩陶上画的，它是尖顶的一个空架子，用两根棍子架起来，有的带两个耳朵，里头梳着的头髻都看得到的。为什么是这样子？那是把看的人的视线引向天上看，反映了那时人们尊敬天神的思想，所以一开始服装含有精神内涵。再晚一点，大概五六千年前，可以从彩陶的画上，看到穿着衣服的人形，画的衣服就是腰上系一根带子，像连衣裙那样子，实际上不是连衣裙，是一块布中间挖一个窟窿从头上套上去，然后在腰部系一根带子，最早的衣服就这么简单，所以叫作"贯头衣"。裤子开始也没有，就是一块布兜起来这样子，叫作"遮羞布"。后来到了奴隶社会的时候，皇帝前面、后面有一块叫做"韐"的装饰，就是从"遮羞布"发展下来的。

我们看原始社会的服装，只能从一些彩陶、雕塑、陶器上看造型，在青海那边又出土好多陶塑，陶塑上面看有的穿长的衣服，身上画着花纹的，也有穿裤子的。鞋有各种各样的鞋，有平头的、圆头的、尖头的、尖头翘起来的，各种各样的鞋，已经是五千年前。不是从全中国，就从青海那些地方发现的彩陶，就看到这些。年份不是随便定的，是经过碳-14①测量的，有科学根据的。所以中国原始社会很了不起，装饰品不得了。像浙江、江苏的良渚文化遗址②那边发现的手镯、项链都特别漂亮，帽子像印第安人羽冠一样的。现在有人写文章，说印第安人是从中国过去的，大概在商代的时候，通过白令海峡，那个时候是连着大陆的，从那过去的。现在我说根据考古形象来看的话，印第安人的帽子跟我们五千多年前玉器上刻画的羽冠是一样的，所以有可能印第安人是在五千年前就从白令海峡过去了。还没有人写这样的文章，将来你们进一步考察考察，这个课题是很有意思的。

但是，到奴隶社会的时候，因为有阶级了，有些奴隶根本不穿衣服，穿的也就是贯头衣，很简单。但是皇帝就很讲究了，像河南安阳出土的商代人形玉雕，就看到穿着刻有龙头和降龙、升龙这样的衣服。在成都三星堆，看到青铜立像穿着由几件衣服组合的套装，每件衣服上面都有刺绣花纹，花纹很大，织的话，织不出来那么大的花纹，就只能是刺绣绣出来的。原来说蜀绣，就只有几百年或者一千多年的历史，根据三星堆商代青铜立像看到的衣服花纹推测，蜀绣至少有三千多年的历史，就是根据实物来分析。黄帝的服装究竟是怎么样，我们也看不见，商代离黄帝比较近，黄帝

---

① 碳-14，是碳元素的一种具放射性的同位素，它是透过宇宙射线撞击空气中的氮原子所产生。其半衰期约为 5730±40 年。由于在有机材料中含有碳-14，因此根据它可以确定考古学、地质学和水文地质学样本的大致年代，其最大测算不超过 6 万年。

② 良渚文化遗址，因发现于浙江余杭良渚镇，于 1959 年依照考古惯例按发现地点良渚命名，是为良渚文化。1936 年发现的良渚遗址，中心地区在太湖流域，而遗址分布最密集的地区则在太湖流域的东北部、东部和东南部，是新石器时代晚期人类聚居的地方。年代为公元前 3300 年至公元前 2000 年，距今 5300—4000 年左右。遗址总面积约 34 平方公里。

在距今四千九百年①，商代有四千二百年②，相差几百年的时间。几节组合的套装，在河南石刻③上面有黄帝的像，也是穿几节的衣服，因为那是汉代的画像，离现在近两千多年，可能离实际商代蜀王穿的更接近一点。它也可以说是上衣下裳，因为衣服上身叫衣，下身叫裳，后来是上衣下裳连在一起，给它接起来。这个有讲究，像一些学者分析，汉代的学者、战国的学者说上衣是代表天，下裳是代表地，说上衣是画的，衣服比较轻，底下是绣的，绣的比较重。颜色也是，上衣是天的颜色，下裳是地的颜色，古代有很多讲究。自从到了奴隶社会，就跟原始社会不一样了，比较复杂了，特别是一些统治者穿的衣服，上面加绘画和刺绣，内容都有讲究了。这是原始社会到奴隶社会有一个转变。

从奴隶社会到封建社会，周朝后期政治腐败，国家就分裂了。到战国时候，这个时候服装也改变了。战国最大的改变，一个是色彩，色彩上的改变。以前因为紫的颜色是间色，是一种下贱的颜色，正色是高贵的，红、黄、蓝、白、黑，这五种颜色是正色，可以做上衣、外衣的，下裳由间色来做。紫是红跟蓝混合出来的一种颜色，所以紫是下贱的颜色。到战国的时候，齐桓公④偏爱穿紫，后来在齐国，人家都学着穿紫颜色，所以紫颜色的丝绸价钱十倍上涨。色彩观念就改变了。战国时期赵武灵王"胡服骑

---

① 此处疑误。黄帝（约前 2717 年—约前 2599 年），古华夏部落联盟首领，中国远古时代华夏民族的共主，被尊为中华"人文初祖"。

② 此处疑误。商朝（约前 1600 年—约前 1046 年），是中国历史上的第二个朝代，也是中国第一个有直接的同时期的文字记载的王朝。

③ 河南石刻，20 世纪在河南南阳等地发现。所谓汉画像石，实际上是汉代地下墓室、墓地祠堂、墓阙和庙阙等建筑上雕刻画像的建筑构石。所属建筑，绝大多数为丧葬礼制性建筑，因此，本质上汉画像石是一种祭祀性丧葬艺术。画像石不仅是汉代以前中国古典美术艺术发展的巅峰，而且对汉代以后的美术艺术也产生了深远的影响，在中国美术史上占有承前启后的重要地位。

④ 齐桓公，姜姓，吕氏，名小白，春秋五霸之首，前 685—前 643 年在位，齐国第十五位国君，此处口述者说是战国时候，系记忆有误。

射",吸收东胡①、林胡②和楼烦③的服饰,以强化战斗力。因为在战国以前商周时候,穿的裤子是开裆裤,小便方便。到战国时期因为穿开裆裤,打仗就不行了,当时都是坐战车打仗,到山地上,车就上不去了。所以赵武灵王改革,穿那种满裆裤,赵武灵王"胡服骑射"是一大改革。另外就是战国时候丝绸、刺绣这些衣服,一般有钱人都可以穿,但是在商周时候不许穿,只许皇帝、皇族、奴隶主阶级穿,老百姓不许穿。到战国时候,有钱的人,他可以跟天子公开坐起来谈话了,所以他坐车也是可以坐四匹马拉的车,皇上穿的衣服他也可以穿。所以,从奴隶社会的后期到战国,又是一个大的转变。

战国以后到秦汉,秦汉的时候是封建帝国大一统的国家,衣服都是穿长衣服、长袍。袍子分为曲裾袍和直裾袍。曲裾袍是将衣襟拉长可以绕到后面来,衣料就比直裾袍要多好几丈。当时曲裾袍最华贵,但是结构比较复杂。到东汉,曲裾袍就没人穿了,都穿直裾袍了。因为少数民族都是穿直裾袍,没有人穿曲裾袍,人们慢慢向少数民族学习。

到南北朝的时候,汉族的统治阶级就非常衰败了,少数民族就乘机进入中原了。少数民族的服装是短装,上面穿件大袖子的短衣服,底下穿裤子。有一种裤子,腿管很细的,小口裤。有一种大口裤,南方人多穿大口

---

① 东胡是中国东北部的古老游牧民族。因居匈奴以东而得名。自商代初年到西汉,东胡存在了大约1300年。春秋战国以来,南邻燕国,后为燕将秦开所破,迁于西辽河的上游老哈河、西拉木伦河流域。燕筑长城以防其侵袭。秦末,东胡强盛,其首领曾向匈奴要求名马、阏氏和土地,后为匈奴冒顿单于击败。退居乌桓山的一支称为乌桓;退居鲜卑山的一支称鲜卑。
② 战国时代,北方游牧民族统称"胡",其中主要为"林胡"和"楼烦"。林胡,又称林人、儋林,为林中胡人之简称,生活于森林中。林胡活动地区正是鄂尔多斯高原东部,包括今伊金霍洛旗、东胜区和准格尔旗及东越黄河到晋北山地森林区。
③ 楼烦是北狄的一支,约在春秋之际建国,其疆域大致在今山西省西北部的保德、岢岚、宁武一带。战国时期,楼烦国以其兵将强悍,善于骑射,对相邻的赵国构成极大威胁。于是,赵武灵王萌生了向楼烦等部落学习,推行"胡服骑射"的构想。

裤，大口裤走路不好走，就用三尺长的锦带把它捆起来，叫缚裤。开始的时候，穿这种衣服走路、行动就比长袍方便。可是华夏人觉得这个不好看，不富贵，认为这种是贱服，是下贱人穿的。但是到隋朝，这种衣服大家都穿起来了。相反，这个时候，少数民族国王学汉人穿长大的衣服，可是像鲜卑民族的百姓就不愿意穿。魏孝文帝①的太子他不愿意穿，就逃走，逃到平城②那边去了。所以服装这个东西总是跟着时代，更科学化、方便化地发展，所以到南北朝时候是一个很大的转变。

南北朝到隋唐，到唐朝的时候，又恢复汉代的那种面貌了，又穿长袍了，但是不穿曲裾袍，都穿直裾袍、圆领袍。原来那个领子斜领开下来的，到唐朝是圆领，这样更漂亮了。跟着时代的变化，南北朝到隋唐，又是一个大的转变。

隋唐下来，一直到宋代，都是这样子穿的。到元朝，蒙古族进来了，他们穿蒙古族的衣服，到清朝又把满族的服装带进来了。所以，从宋朝到元朝，这个阶段是一个转变，明朝把蒙古族赶走以后，恢复汉代的传统，又恢复唐宋那种大长袍。到清朝的时候，满族进来了，虽然继承明朝那种风度，但是明朝的大袖子管，改成小袖子的箭袖，射箭的时候方便。清朝初期是为了练武、射箭方便，到后来受汉族的影响，清朝后来袖子越来越宽了。

到民国时期，服装的式样就彻底改变了，因为封建王朝的衣服全都不能穿了，孙中山出来了，他吸收了西方的服装。从清朝后期训练军队，军队穿的衣服，到清朝末年的时候，都吸收西洋的操衣。后来，到了孙中山

---

① 魏孝文帝拓跋宏（467—499），献文帝拓跋弘长子，即位时仅5岁，公元490年亲政。为了解决由于鲜卑族与汉族的民族矛盾以及引发人民的反抗起义，北魏孝文帝进行了两次改革，第一次是484—486年，主要改革政治、经济、军事制度；第二次是在494年迁都洛阳后，着重改革鲜卑人的生活习惯，实行汉化。
② 平城，今山西大同。

的时候，就用比较科学的立体裁剪，以前都是平面裁剪。

每个朝代都在跟着时代改变，跟着科学的发展，跟着政治气氛的改变，而不断地改变。

我们中装是平面裁剪，西服是立体裁剪，比较合身，更科学化，符合人体工学，穿起来，跟人体更适应，更好看，更壮观。中西服饰不同地方就在这。

3. 怎样研究服装史论

如何甄别研究材料

一个是根据服装的款式，每个时代都有自己的特点。另外一个，最主要是根据服装的材料——面料跟里料、品种每个朝代都在变化。有些品种，像缎子，在宋代以前就没有缎子，到元代才有缎子出来。缎子的结构也在改变，明朝的缎子都是五根线，隔着四根交织一次叫五枚缎；到清朝初年，乾隆皇帝开始八枚缎，就是隔七根交一根。八枚缎就看起来比较光亮，因为它的弯曲度少了，折光率也小了，所以平面看起来像镜子一样锃亮。一个是根据款式，一个是根据材料来判断，还有一个根据色彩。因为每个朝代提倡的色彩不一样，用的染料不一样。比方说像清朝龙袍，怎么区分呢？主要看色彩。在清朝后期它用化学染料染了，看得出来。特别是那个紫颜色，我们以前紫颜色都是比较暗的，比较灰的，到清朝后期特别是同治皇帝那个时候，开始用化学染料，紫颜色就很鲜亮。像清朝初年到后来款式也不一样，清朝初年的时候袖子很窄，到晚清的时候袖子越来越大。所以根据色彩、根据面料、根据款式，根据这些来判断。

研究中的困难

首先，最大的困难就是原始社会没有具体的材料，也没有文字的记载。所以在原始社会，不仅是我碰到的困难，沈从文先生也碰到这个困难。他那个书上[①]就没提原始社会，原始社会的相关服饰研究是从我开始的，但是断代比较困难。

第二，像到奴隶社会、到封建社会，一些学者的服装理论是很复杂的，跟天文、地理都混在一起的。像十二章的解释，古人也是不一样的。究竟开始的时候皇帝的礼服有没有十二章，我都怀疑。因为十二章里头有一种是铜器，古代装酒的铜器。衮服要用十二章的说法，是从《尚书·益稷》开始的。《尚书》说是帝尧让帝舜穿十二章的礼服，十二章就是日、月、星、山、龙、华虫（雉鸡）、黻（两弓相背）、黼（斧头）、藻（水草）、火、粉米、宗彝（铜杯）。在尧舜时期还没有青铜冶炼技术，怎么会有装酒祭祖的铜杯呢？但是历史上都是那么讲的，你否定它也没有权威的根据，所以这都是困难的地方。

另外就是研究服装史，不能光从文字上来讲，文章写得再怎么漂亮，人家也看不清楚具体服装的形貌，你有图片，人家一看就懂了。但是，搞图片很困难，一个是出土的东西很少，人家要保密。另外一个，比方公开以后，你去要图片，要花版权费。我就是凭工资、退休金吃饭，哪有那么多钱来买那些图片呢？这些都是一直碰到的困难。

学术方面的创新点

我想，一个是系统性，从原始社会系统性一直拉下来，这个没人做过。

[①] 指《中国古代服饰研究》一书。

另一个是画图，比方说面料，一般人是介绍它表面的东西，我是从织物组织给它做解剖，画出组织图，一根一根画出来的。另外就是纹样，历代的纹样，我不光是从服装上，我是从其他工艺品对照整个时代，它的风格是怎么样，我是这样做的。不光是从单项，而是从整体来做。我觉得，特别要重视用形象来说明问题，这个我觉得人家没有这样做。

4. 创出中国服装的特色

当今中国服装史论研究存在的问题，一个是重视的人比较少，服装史这一门还是冷门。搞服装的人很多，都愿意搞现代的、搞时装，搞传统的因为它很困难，搞的人就少。另外就是服装史只有一些学术上的意义，在现实生活中的意义不是很大，所以这门课现在不太有人重视。实际上我们如果从纹样内容来讲，历朝历代下来，中国染织品的纹样是最丰富的。这里头需要开发，包括少数民族服装的款式跟花纹、色彩，像黎族的服装很现代，非常现代，不过材料比较粗糙一些，款式他们比较固定。如果有人认真研究开发，那在世界上就可以创出中国的特色来。现在没人去做，非常可惜，就是非常丰富的矿藏没人去开发。

汉服、华服、唐装、国服

有一些概念现在都是随便说的。

汉服。汉服从狭义上来说，就是汉族人穿的服装，广义上讲就是中国人穿的衣服。但是，有人就以为，这个汉服就是学汉代那种形式的服装才叫汉服。有人虽然学着模仿汉代的服装，其实是不伦不类的，就是一种长的衣服。现在有些电视上都在那宣传，比方有一些学校里的毕业典礼穿着汉服。这个我说可以，要看群众接受不接受，不接受也是一个问题，能够接受那就好，也可以。但是我觉得这个不太容易推广，因为它与科学化、现代化有距离。所谓汉服是这样一个情况。

华服。中华是中国，大概说是中国人的服装。但是这个华服不可能是一种形式，我们中国是多民族的国家，同是汉族也因为各种职业、文化程度、工作岗位不一样，所以不可能要求穿一种一模一样的衣服，不可能这样。有人说中国人穿的衣服应该跟外国都不一样，这个在我看来也很难实现。它是一种好的愿望，但是不可能实现的，这种愿望不科学。

唐装。APEC[①]会议在中国举行的时候，各国领导人都穿这个。唐装，实际上可能是因为唐人是指中国人的意思，国外有唐人街，可能是这个意思，并不是指唐代的服装。唐代的服装那是很漂亮的，种类很多。唐装这种服装缺点在什么地方？一个是男女都一样，实际上它就是马褂，像清朝马褂有一字领的、大襟领的、U字领的、对襟领的、琵琶襟领的，有各种各样领形，而唐装只有一种对襟领。另外，这个面料呢，原来一些比较庄重的场合穿的马褂颜色比较深，料子也比较讲究，所以看起来很庄重。现在这个唐装五颜六色，上面大团花，男女都一样，这样显得就不高贵。而且现在大团花那种红颜色、绿颜色的服装，以前是什么人穿的，都是大地主穿，老百姓谁穿那个，要穿也是素的颜色，所以唐装时髦一阵子可以。现在唐装做工也很粗糙，面料也很粗糙，五颜六色，款式是一样的，男女都一样，所以我觉得这个唐装是失败的，是一次失败的实践。以后要搞创新的话，要吸取经验教训。

国服，也就是中国人的衣服。有人说韩国，他们有朝鲜族的服饰，日本有和服，和服是他们日本一贯传下来的，中国人比较一贯的像旗袍，是比较普遍的。现在因为旗袍有很多不方便的地方，这个要根据群众的优选。国服的设计主要是靠群众来创造，要看群众的优选，实际上现在群众都不

[①] 亚洲太平洋经济合作组织，简称APEC，是亚太地区最具影响的经济合作官方论坛。

断地在创新。像唐装，原来是平袖的，平面裁剪，我看现在有些电视上穿的是有袖隆、立体剪裁的装袖，就比平袖的看起来要精神一点，而且面料不是用大团花，那种大团花没人穿，所以它在改进。国家领导人的夫人出国的时候，也不断在创新，每次出去穿的衣服都不一样。最后，怎么能够穿出一种很权威的而且人人都愿意穿的服装呢？还是要靠群众来创造，不是说某一个设计师灵感一来就是国服了，我看不能太简单化了，还是要等待，我说要有耐心。

现代服饰设计对古代和少数民族服饰的借鉴

古代中国服装传统元素，跟我们现在怎么来结合，这跟少数民族服装的元素怎么运用是一样的，主要它不是全部模仿。比方我们古代服装方面，主要是面料的纹样装饰，它的艺术装饰方面非常丰富。服装的款式肯定是根据时代的发展要现代化的，而且还要接受一些国际上先进的影响，一定要国际化。因为地球越来越小了，现在叫你再穿古代的衣服走出去，那不可能。但时装设计可以吸收一些传统服装的元素，比方像中国历代纹样非常丰富，当然不是全部抄过来，不是这样子。要把古代东西给它现代化，第一个原则是要简化，色彩也要现代化，过去纹样很复杂，要给它简化，可以吸收它的一些思想。历代服装也是吸收国外的其他民族的一些因素，运用到我们上面来发挥的。不能很保守，始终不能保守，就是不要怕"洋"。"洋"了一个阶段以后呢，自然就会民族化，因为服装中有中国人的思想感情容纳在里头，中国人设计的思想跟外国人设计的思想是不一样的。

我觉得要大胆借鉴古代的、少数民族的以及国外的，大胆借鉴，然后根据现代人的感情来融合、消化。如果一点根据都没有，凭空来设计，跟有借鉴是不一样的。毛主席在延安文艺座谈会①上讲过，这里有文野之分，粗细之分，高低之分，快慢之分②。就是你有借鉴就发展得快，有借鉴就可以做得精细，没有借鉴就粗糙，有借鉴文雅程度就高，没有借鉴就粗野。快慢、文野、粗细、高低之分，毛主席几十年前就提这个问题。文艺座谈会讲话是许多全国的文艺家在延安开座谈会，开了好几个月，毛主席来做总结发言，那个思想并不过时。

少数民族的服装中，黎族的服装非常现代，上衣就到乳线以上为止，里面再衬一件短衫，配合一些超短裙；傣族的服装非常合身、非常合体，有很多非常漂亮的款式。但是他们就是材料粗糙、做工粗糙，可以吸收使用现代的材料、现代的工艺、现代的色彩，就变成非常高档的时装，很现代化的、很时髦的。古代东西可以从花纹方面、内容方面、手法方面来吸收，但是不能全部照抄，而且也不光是吸收服装方面的，青铜器的装饰、彩陶的装饰都特别厉害，吸收其中精华用到服装上面，给它简化，就现代化了。

非物质文化遗产中的服饰

有一些传统工艺，比方说云锦，想太大的推广，变成规模化的大生产是不可能的。那些用传统手工生产的工艺品，产量不可能很大。不可能说一下子全国的大工厂都搞云锦，那个成本太高，生产效率太差、太低了，一台织机一天只能织那么几寸，那怎么行啊！所以还是要把保留的节目和现代化的节目分清楚。有许多传统工艺是保留的，它们是民族文化。那么

---

① 1942年5月，中共中央在延安召开文艺座谈会，毛泽东主持会议并发表讲话，即《在延安文艺座谈会上的讲话》。
② 毛泽东：《在延安文艺座谈会上的讲话》，《毛泽东选集》，人民出版社1964年版，第817页。

现在能见到的，因为现在像染料都是化学染料，织物中用植物染料的很少了，如果有条件的话，国家应该拨经费，搞一些保留的基地，作为保留项目，不要粗制滥造，让老百姓随便去弄，瞎搞。地方上应该有特产、特别的东西，政府应该扶持，给它建基地，在组织上给它支持，这是很重要的。

在民间服装这方面呢，日本人很厉害。在20世纪50年代到60年代，我们那个时候没有看到，但是日本人就已经花大钱到中国各地去收买，所以他们收去少数民族的服装非常多。等我们知道去收购的时候，有一些就没有了，已经买不到了。关键在领导，官僚主义不行。那个阶段反正是不好说，纺织部那么多的部长，搞一个流行色协会的报告，你画个圈搁在那几个月，我画一个圈搁在那几个月，一年多过去了，就画了几个圈。现在能够见到的特别好的东西，应该想法收购，不要都让它流到国外去。有一段时间是很奇怪的，像新出土的南北朝的东西，我们根本看不到，在美国、英国已经搞展览了。据说有的地方专门有专业队挖古坟，冬天农闲的时候，组织几百人专门去挖古坟，然后把挖出的东西从地下线路很快就传出去。有一段时间是这样的，现在当然好了，文物走私现在打击很厉害。我写书所用的南北朝织绣文物图片，原件都在美国大都会博物馆和克利夫兰艺术博物馆陈列、展览，我们国内没见到，后来是香港的贺思奇先生给我提供的。那段时间主要是"文化大革命"后遗症，"文化大革命"后面那段时间，咱们很多东西流出去了。

现在好了，现在文物都回流了，所以国家富强以后，东西能回来了。相反好多东西外国人买不起。像我儿子画的画很贵，以前都是外国人买，现在是中国人买，外国人买不起。我们形势大好，我们现在党的领导非常英明，国家富强、兴旺，中国梦，二百年后中国那是了不得啊，要比汉代、唐代都强大，我们的国家形势会非常好！

关于服装博物馆的设想

办服装博物馆,这里有很大的一个难题,当时有些看法是不一样的。一般人都认为办博物馆就得有文物,我觉得是这样的,有古代出土的文物,古代出土的瓷器、青铜器,这都不成问题。但是服装它都烂掉了,所以古代服装出土是很少、很少的,出来以后也都是脆了,也都年代长了变质了,所以不能碰它,要公开陈列的话,几天就坏了。但是一般做领导的,都认为博物馆必须要有文物,我说服装和纺织品是不一样的,埋葬下去都烂掉了,几千年的服装文物出来,那是很少、很宝贵的。出来以后,比方在湖南或者湖北出土的,在湖南马王堆西汉墓出土丝绸服装文物,就是湖南省博物馆的宝贝,跟他们的眼珠一样的。把那个东西拿到北京来,拿北京来以后,气候、条件不一样,更容易损坏。湖北荆州出土的也是这样,要长期拿到北京来展览是不可能的。所以我是说必须做复制,像北京定陵的东西,我就想办法给定陵①博物馆复制了,所以现在能够在长陵②棱恩殿展览,用复制品展览,已经展出几十年,效果都非常好。有一些人说复制品不行,这观点和我不一样。

办服装博物馆,我说古代部分就是两种方法:一个是搞复制。古代的服装只能是搞复制,如果不搞复制,出土的一共就那几样东西,出土时有些本来已经炭化,经过腐蚀了,原物你动一动就碎掉,破碎的怎么陈列展览?办博物馆不是用到现代人身上来,是作为一种文化遗产,让大家看祖先是怎么样的。搞现代的东西,那必须跟时代走,不跟时代走是不行的。

---

① 定陵,明代第十三帝神宗显皇帝朱翊钧(万历)之陵墓。这里还葬有他的两个皇后(孝端、孝靖)。定陵坐落于大峪山下,位于长陵西南方。定陵的主要建筑有棱恩门、棱恩殿、宝城、明楼和地下宫殿等,占地182000平方米,是明十三陵中唯一一座被发掘了的陵墓。

② 长陵,明十三陵之首,是明成祖朱棣和皇后徐氏的合葬墓,位于北京市昌平区天寿山主峰南麓。

另一种是用图片，现在手段很多了，有些可以用激光，激光打过去，离远看好像是立体的，实际上是一个灯光打过去，用激光这是一种方法。不一定样样都要出土的真东西展览，那怎么可能呢，怎么也实现不了。

可以把现代设计的最流行、最优秀的服装作为展览。因为现在的服装形式很乱很杂，有骷髅头啊这些东西，都是这样的。他没想把传统的好的东西来生产，我常常看到有的青年穿着在前胸印着死人骨头或骷髅头的两用衫，青年人看到骷髅头好奇，就去猎奇，没人去引导。像拍电影要经过审查的，但是服装设计什么东西乱七八糟都可以上去，没人去引导的。所以现代怎么引导，例如把现在流行的，我们能看到的最优秀的设计，最优秀的服装拿到博物馆去展览，让大家看了潜移默化。而且博物馆不用花很多钱就可以拿来展览。现在服装设计师协会把每年得金奖的、一等奖的服装设计样品捐献给中国丝绸博物馆，中国丝绸博物馆再建一个分馆，这个分馆将来专门陈列服装，这个路子我觉得非常好。还有，博物馆把国际上一些最优秀或者国际上传统的设计，可以做交流，这也可以作为服装博物馆的一部分。

另外也可以展望未来，请最优秀的设计师和专家来搞一个"展望未来"的专题。那样看的人会很多很多，观众会非常多，会很轰动，而且起很好的引导作用。

我说办博物馆一个是互相交流，一个是传统东西搞复制，或者是搞一些现代的展示手段来再现古代服饰文化的风采。其实我说办博物馆，不光是陈列古代的，博物馆也可以陈列现代的，也可以陈列预测未来的。现代的东西则把最好的、最优秀的东西集中起来展览和保存，到几十年以后、几百年以后，看到现在的服装就是文物了。这个路子很宽，也不需要买一件衣服几百万块钱。我说办服装博物馆思路要宽一点，不要局限在博物馆就是古代的，就是实物，那会把自己困死。古代的、现代的、预测未来，那这个博物馆就可以办得很生动了。1992年的时候，筹办过一次中国服饰艺术博物馆，但是那次就没有成功，这些看法他们都不同意。

九
丝绸的印染织绣

1. 蚕的故事

　　实际上我们蚕丝的发明已经有至少七千年的历史，因为根据出土的东西嘛。在河姆渡遗址就出土了一个刻了四条蚕的象牙盅，就是杯子，那时就把蚕已经作为一种巫术的对象，巫术崇拜。另外在五千六百年前，在河南就出土几个小孩死了以后放在里面的陶瓮，陶瓮里头有穿着丝绸的衣服的小孩。那些丝绸的品种，一种是平纹的，还有一种是纱罗组织，而且那些蚕丝是染过的浅紫色。从一个蚕茧把它抽出蚕丝来，纺出来以后，织成丝绸，这个不是说几天就能认识的，古时候科技发展是很慢的，五千六百年前已经有那么好的丝织品了。

　　黄帝离我们现在是四千九百年左右[1]，嫘祖[2]是黄帝的妃子，嫘祖到现在不到五千年，就是四千九百年。我们从母系社会进到父系社会以后，把这个功劳都归到黄帝身上去。其实嫘祖她并不是发明蚕丝，而是推广蚕桑事业。差不多与嫘祖同时，在四川古代有一个古蜀国，古蜀国的国王叫作蚕丛氏[3]。四川是蜀嘛，蜀字就是一条蚕在做茧。蚕丛氏跟黄帝的时间差不多，

---

[1] 此处疑误，应为4600年左右。
[2] 嫘祖，一作累祖，中国远古时期人物。为西陵氏之女，轩辕黄帝的元妃。她发明了养蚕，史称嫘祖始蚕。
[3] 蚕丛氏，古代神话传说中的蚕神，是蜀国首位称王的人，他是位养蚕专家。

四川成都有一条青衣江，青衣江说的就是蚕丛氏穿着青色的衣服，去劝老百姓种桑养蚕。

马头娘[①]的故事出在四川，那个是比较古老的故事，很奇怪的。说是有一个大地主家里养着一匹马，这个主人出去到外地办事情去了，去了以后很长时间没回来。女主人就想这个男的了，就说："哪天有人把我丈夫接回来的话，我就把女儿许配给他。"这个时候，他们家的马听到这话以后，马上挣脱了缰绳就跑出去了，几天以后，把主人就驮回来了。驮回来以后，女主人想怎么办呢？女儿怎么许配给马呢？没办法，唯一的办法是把马宰了去，就把马杀了。杀了以后，把马皮晒在树上。结果有一天，她女儿出去到门口玩的时候，突然一阵大风，这个马皮就把她女儿包起来，卷到树上去了，结果这女儿就变成蚕神了。马头娘的故事比较古老。我们南方把蚕神叫作马明菩萨，我去成都的时候看到有一个庙里，塑着身披马皮、头上有个马头的女孩的形象，就是马头娘娘庙，我去看过。

[①] 马头娘，即马明王是中国民间影响最大、流传最广的蚕神。传说她是一位身披马皮的仙女，在民间也有叫马鸣王菩萨、马明菩萨、蚕花娘娘、蚕姑、蚕皇老太等。

2. 丝绸的质感与中国人的性格

  这个关系非常重要,因为这个蚕丝对中国人有特别的影响。在我小时候,我们家就养蚕,这个蚕和其他的虫子不一样,蚕拿到手里它不会乱跑,跟人很亲切。而且它的体温和人的体温都差不多,所以我们拿在手里感到很可爱,不像有些虫子挺讨厌的、挺让人害怕的,虫子碰到人也连忙逃跑,而蚕不会逃跑,跟人很亲切。所以我在当研究生的时候,就在宿舍里自己养蚕。因为我们中央美术学院那个时候,研究生宿舍前面就有六棵很大的桑树,品种很好,那些桑树很大,我们南方一般都是小的那种桑树,而中央美术学院里面的六棵桑树是很大的。那个桑叶很可惜,我说能够养蚕就好了。结果一个同学拿来一张蚕子,就是杯口那么大小,拿来以后我们就用开水给它洗一洗,洗蚕子。第二天蚕纸上小的蚕就出来了,像蚂蚁一样黑的,叫蚁蚕,非常的小。把嫩的桑叶剪得很细很细,撒在上面它就吃了。蚕要经过几次脱皮,几次睡眠,头眠、二眠、三眠,以后就成熟了。成熟以后,整个身体就透明了,都能把丝吐出来了。

  蚕丝我们织成丝绸以后,它不像别的纺织品,像欧洲主要是毛纺织品,毛纺织品很沉重,比较厚,有厚度,有重量。中国的丝绸很光亮,颜色非常漂亮,但是很轻盈,风吹它就飘动,很温柔、很柔美的这样一种特性,这种特性影响到中国人的性格。比如说中国讲绘画,画论里说气韵生动。怎么会气韵生动呢?因为就是看丝绸在风里飘动,所以把轻柔、飘动当作最高的标准。柔和，中国人性格就很柔和。我们举个例子，比方说西方人画模特，就几个孩子长着翅膀在天上飞，中国画像敦煌的飞天，不用翅膀，人的各种姿态，像游泳的姿态，用绸带来表现飞行的方向跟速度。所以丝绸对中国人的性格，中国的文学、艺术、绘画影响都非常深刻。丝绸从蚕本身的性格，就跟中国人的性格是一样的，我体会就是这样。

  中国生产丝绸，因为地理环境适合于种植桑树，而且我们中国人性格很细腻，能够观察到蚕丝可以利用。蚕吐出来的丝，先结成茧，蚕茧里头包含着丝胶跟蜡质，不容易打开，必须在温水里泡。泡了以后给它拉开来，拉开来一颗蚕茧的丝可以"八百丈长"[①]。而且两头粗中间细，所以只有性格很细腻的中国人，能够处理这个蚕丝，把它处理好。西方人性格比较粗暴，比方中国人谈恋爱的时候，两个人都是很含蓄的，没有很激烈的动作，比较害羞。西方人他们抱着就亲吻，就那种性格，所以他们只用比较粗的毛线，用蚕丝可能一拉就断掉了。

---

① 一般春茧丝长900—1000米，夏茧丝长为700—1200米。

3. 丝绸之路

丝绸就是丝织品的总称，可以代表全部丝绸。

中国被西方人称为"丝绸之国"，这个我说一下。在公元前五世纪，我们就在俄罗斯的西伯利亚叫巴泽雷克①的地方，这个地方在北方，用石头砌了一个很大的坟墓。这个坟墓在公元前五世纪，相当于咱们的周代，东周时期，里面有很多毛织品。有丝绸的马鞍的鞍褥面，就是马鞍上面的马鞍褥，用刺绣的，这个刺绣的花纹跟湖北江陵出土的战国时期花纹是一样的。

据记载，商代②的国王一个叫王恒③，一个叫王亥④。这个王亥就驾着牛车从河南渡河往北方，用丝绸去做买卖了。去做买卖以后，他在北方跟一个狄族的女孩子发生关系，给人看到，就把他打死在北方。王亥并不姓王，王是一个领袖的意思。他有很大的功劳，因他打开了一条贸易的道

---

① 巴泽雷克冢墓，南西伯利亚早期铁器时代墓地。1924 年发现，1927 年、1947—1949 年由苏联考古学家 С.И. 鲁坚科主持发掘，年代为前 5—前 4 世纪，一说为前 3—前 2 世纪。

② 商代，应为夏朝时期商国。

③ 王恒（？—前 1770），曹圉之孙、冥之子、王亥之弟、上甲微的叔父。

④ 王亥（前 1854？—前 1803？），子姓，又名振，夏朝时期商丘人，属于华夏族。商部族的第七任首领、商国君主。他是契阏伯的六世孙，冥的长子。王亥是王姓始祖。

路，虽然他牺牲在北方，但是中国说丝绸之路主要是在新疆这边的，而北方丝绸之路比西北丝绸之路还要早，北方丝绸之路现在叫作北方草原丝绸之路。

在公元前五世纪的时候，古希腊有一个历史学家叫作希罗多德[①]，希腊人称他为希腊的"历史之父"，第一个写希腊历史的。他讲希腊的商人在公元前六七世纪，已经到过"绢国之都"，当时把中国的丝绸称为绢。希腊文把这个丝称为"赛"，就是"ser"，称中国人为"赛里斯"，就是"seres"。其实"ser"就是"丝"的声音，说着说着，就从"丝"变成"ser"，所以那个时候就称中国为"丝的国家"。公元前五世纪，另外一个希腊的地理学家，叫作克泰西亚斯，他说赛里斯人身高近20英尺，寿命长过二百岁，没有乞丐，没有妓女、没有小偷[②]。在他们看来，中国是非常理想的一个国家，生产丝绸那么漂亮的东西，所以西方人把中国就称为丝绸之国。它的来历是公元前五世纪古希腊的时候。

后来从秦汉时期开始，从甘肃那边过去，经天山南路、天山北路通往罗马，从陕西到甘肃这条路一直是很畅通的。自汉武帝到隋唐的时候都特别兴盛，现在这条路边上出土很多很多的古代丝绸。因为这条路水分很少，雨量很少，很干燥，而且气候温和，所以丝绸能够保存下来。这样一种气候、地理条件的地方，世界上是很少的。这条路到十九世纪的时候，有一

[①] 希罗多德（Herodotus，约前484—前425），古希腊历史学家。史学名著《历史》一书的作者，被尊为"历史之父"。
[②] 根据有关文献记载，克泰西亚斯（Ctesias）在公元前397年所著的《旅行者》一书这样描述中国人："男高十二骨尺，寿逾二百岁。"见张维华主编：《中国古代对外关系史》，高等教育出版社1993年版，第8页。

个德国的地理学家叫李希霍芬①，他就把天山南路、天山北路这两条通往西方的道路，称为"丝绸之路"。"丝绸之路"的名称是他第一个提出来的，他提出来之后很快就给国际上接受了，现在说的丝绸之路来历就是这样的。

---

① 李希霍芬（Richthofen, Ferdinand von, 1833—1905），德国地理学家，地质学家。曾任波恩大学、莱比锡大学和柏林大学教授，柏林大学校长。早年从事欧洲区域地质调查，旅行过东亚、南亚、北美等地。多次到中国考察地质和地理。首次提出"丝绸之路"一词。

4. 古代与现代的丝织品

古代的丝织品

古代都是木头机器，手工织的。现代用铁机，用电动机器织，织出来不一样。现在织得很平，一点都不毛糙了，古代比较毛糙一些，一看就能看出来。

古代丝绸的名称，像汉代丝绸的名称就非常复杂。但实际上我们从分类学来讲，像平纹组织、斜纹组织，这个从原始社会就有了，大概从周代一直到汉代、到南北朝，织锦都是经线起花的经锦。到唐代开始才用纬线起花织出纬锦，经线起花受一点限制，比方三种颜色的经线，没法再增加，除非把这个经线弄断了，重新换上别的色线，那不方便。到纬线起花以后，它就可以用换梭子的方法变换不同色的纬线，颜色就更多了，变化更多了，纬线起花是到唐代才有。实际上锦的组织是最复杂的。锦是从西周就有了，开始用经线起花叫经锦，一直到南北朝都是经锦。纱罗从古就有，平纹组织更不用说了。斜纹组织古代叫绮，古代最早就是这样几种。起毛组织叫绒，大概到汉代才有起绒组织，但汉代的绒不是起毛，它是起一圈一圈的绒圈，像毛巾一样，没有把绒圈剪开，到后来唐代才开始剪开。所以最早就无非是这样几类：纱罗组织、斜纹组织、平纹组织、起绒组织，还有一种重经组织的经锦和重纬组织的纬锦。但名称比较多，实际上就是这样几种。到宋以后品种就多了，变化更多一些。

现代的丝织品

1965 年定的分类是十四大类，从品种组织上来讲的。

这个纺，就是指蚕丝加捻后织出的平纹丝织品。把蚕丝经过加捻，把经丝加捻，加捻以后这个丝就富有弹性，织成绸子以后穿在身上，就不会贴住身体了。

绫就是一种斜纹组织的丝绸，这个斜纹组织在五枚，就是最多五根丝交叉，五根以下交叉的斜纹组织叫作绫。

缎是五根以上交叉，不是一根丝、一根丝都相交，完全那样相交叫平纹。像纺、绸都是平纹组织，缎不是平纹组织，它是缎文组织，隔着四根以上再交一次的这叫缎。

绉，这也是强捻的，经过特别强捻的平纹组织，你织出来以后一下水就缩起来了，如果这个捻向是经线第一根、第二根是左下捻的，第三根、第四根是右下捻的，一缩回去的时候捻向不一样就起疙瘩了，起皱了，这叫绉。

绡，就是一种比较薄的平纹组织。

绢，原来也是平纹组织，就是没经过强捻的线织出来的。绡跟绢的区别，就是绢比较厚一些。

绸，在明清的时候是斜纹组织叫绸，但是到现在反过来了，平纹组织叫绸，斜纹组织叫绫什么的，不叫绸，但是在明朝，绸都是斜纹组织的。

绒，是起绒毛的组织，分为经起毛的经绒和纬起毛的纬绒。我国古代的绒是经丝起毛的经绒，用两组经线，一组是管地纹组织的地经，一组是由一些丝合在一起，比较粗的绒经，地经和地纬组成平纹的地组织。绒经是隔一段距离才和纬丝交织，在没有交织那段距离时它是浮着的，如果把它剪断，它的丝头就散开形成绒毛；不剪开时，它就缩在织物表面形成像毛巾那样的绒圈。湖南长沙马王堆出土的西汉绒圈锦就是这样的。

纱和罗都是带孔透明的织物。经线与经线相互绞缠而织出菱形孔隙的丝织物，古时称为罗。将经纬丝松散拉开排列而织出方形孔隙的丝织物，古时称为方孔纱，现在称为假纱。现在是孔眼排成一行一行的叫罗。

锦是一种复杂组织、多重组织，织出花纹多种色彩的叫锦。

绨，是丝跟毛线交织的斜纹组织叫绨。

葛，也是一种交织品，葛也是丝跟毛交织，所以叫作毛葛。

呢，一般来说都是毛织品，但是到近代有些人造丝织的东西，也起名叫呢了。在民国初年，就有一些人造纤维织出来的纺织品称为呢。

古代都是桑蚕丝，人造丝是近代的东西，合成纤维历史更短一些。柞蚕丝是一种柞蚕吐的丝，在山东。这种蚕不是养在家里的，是长在柞树上的，长毛，个儿挺大的，它吐的丝也比较粗，而且那个蚕胶，蜡质特别浓。所以在20世纪50年代初那个时候，这个柞蚕丝我们漂不白，因为胶质跟蜡质太多了。但是它很结实，它本身带一种浅咖啡的颜色。所以那个时候，我们织出来柞丝绸没办法印花，印不上去。结果卖到瑞士去，瑞士买去以后，他们经过漂练，印上花，再卖回来，这个价钱就超过十多倍了。我们染化技术落后，非常吃亏，它拿去漂漂，印上花出来，价钱提高十倍。这都是那个时期的事情。现在柞蚕丝，咱们漂染技术也还是比不上国外。我们纺织行业里头最糟糕的就是后处理，漂染技术、染化技术落后。

5. 织机的发展

机器最早就很简单了,就是把经线捆在腰上,经线要给它均匀分布,必须要很均匀,有一个东西来控制,那叫作筘。用筘来控制经线的密度,让经线从筘齿穿过去。开始的时候,就得用手工挑,把纬线一根一根挑织出花纹。后来进一步就发明了综片,可以用这片综片,把单数的经线全穿过去,用另一片综片把双数的经线都穿过去。当单数的经线提起来的时候,双数的没动,就形成了一个开口,于是把纬线织过去,这就是平纹。要斜纹呢,综片是加到三片、四片、五片。到缎纹,综片更多了,就这样发展过来。

最早的时候就是坐在地上,把经线一头绑在腰上,一头用一根木桩,给它用一根棍子钉在土上,就可以织了,这叫踞织机。后来慢慢觉得很累,就在中间做一个机架,一个织机的架子,那这就是织机。后来加上控制花纹的提花装置。提花装置开始的时候,是用一个竹笼子把花本搁在上面,花本上编有一个花纹单位的提花杆,用来控制经线开口的顺序,所以这就是一种程控技术。因竹笼机操作比较困难,就发明了把花本编在提花束综上的提花机,然后就出来提花楼机了。织机上面有一个花楼,有人坐在花楼上提花,那就是云锦织机。它一步一步就这样发展过来。

6. 印染绣的源流

　　染，那是很早了，在原始社会就有。到商周时期人们种染料、做买卖，红的染料种红花，黄的染料种栀子，蓝的染料种蓝靛，用得最多的就是蓝靛。到战国时候，做蓝靛买卖的很发财，所以染的历史很早。

　　印的历史究竟什么时候开始很难说，汉代已用木刻印花版和青铜印花版印花。到唐代的时候已经有几种染的方法，一种是用蜡染，一种是扎染。扎染就把丝绸的一部分用线给它扎起来，使染的时候颜色进不去，出来就变出花纹。蜡染是画上蜡的地方染料进不去，把蜡化掉以后花纹就出来了。还有直接印花，在唐代也已经有了，因为有出土的东西。直接印花各地不一样，手段不一样，像新疆那边就是刻一些小的花纹木头戳子，用不同的花纹戳子往丝绸上盖。盖出来以后，印成很大的花纹都可以。在宋以前就有做灯笼、雨伞用的油纸，宋代把油纸刻出花纹来以后，把石灰跟豆粉和成的印浆透过油纸涂到纺织品上去。涂完以后拿过来染，有豆粉、石灰的地方染料就上不去了。晾干以后用刀刮一下豆粉石灰，刮掉就印成花布，这种当时叫"药斑布"，就是后来的蓝印花布。在这基础上，把用镂空花板印花的叫镂板印花。这镂板印花从宋代开始就有了，用几块镂板不同的颜色来套印，那么彩色印花就出来了，过程就是这样的。印花大概汉唐时期下来的，在新疆出土就有唐代的印花布，历史博物馆就有这样的文物。

　　绣是比较早了，因为最早的时候，织锦只能织小的花纹，很大的花纹它织不出来。那怎么办？就用绣。所以绣是很早，现在看至少在商代，绣就很成熟了。但是绣有各种各样的针法，最早的针法都是锁绣，就是绣出来像一根辫子一样的那种线条，从商代到汉代全是这种锁绣的方法。汉以后，到南北朝、到隋唐，有一种平针绣发展起来了。到唐代技术就发展得很好，绣很大篇幅、非常大的佛像，有许多很大的刺绣佛像传到日本去。到宋以后，因为要绣绘画，绣得跟画的一样，这样针法变化就越来越多了。从南宋以后一直到现在，针法变化越来越多，有几十种针法。

印花、织花都可以用现代的机器来代替，但是刺绣用机器像普通生活用品是可以的。做艺术品特别是绣绘画，不可能用机器来代替，永远都不能用机器代替，只能用手工来制作。这种工艺办学校解决不了，还是要师傅带徒弟，像刺绣就是这样的。传承、继承就是靠师傅带徒弟了。

7. 历代装饰纹样

中国装饰纹样分类

根据纹样的风格来分，有一种是几何形的纹样，几何纹样；一种是动物纹样，题材都是动物；一种植物纹样，用植物来变化；还有一种是自然气象，云、风、火变化的自然气象纹；还有人物形象的人物纹以及风景纹、博古纹等等。根据形象来分，有各种不同的类型。从器用来讲，比方用在陶瓷上的陶瓷纹样、染织上的染织纹样、彩陶上的彩陶纹样、漆器上的漆器纹样、青铜器上面的青铜纹样，它是根据器形用途、装饰用途来分。分类大体上根据用途或者根据纹样的内容，或者根据纹样的风格，都可以分类。

中国装饰纹样的风格

风格，这个定义怎么下，我还是没想过。不同的民族，不同的国家，爱好是不一样的，它有一种传统的习惯。像南方跟北方也不一样，南方的色彩，特别像苏州，刺绣的色彩都比较文静一些，北方比较大红大绿，特别到东北，越到东北对比越来越强。这种传统的习惯形成了风格，就是每个地方有它的特点，每个民族、每个时代、每个人的设计，都有自己的特

2003年,《中国丝绸科技艺术七千年》荣获全国第十一届优秀科技图书一等奖及第六届国家图书奖,与责任编辑范森(中)、王文浩(右)合影

点,我想这就是风格。

中国人比较朴实,比较注重写实,古代的装饰纹样大多是在写实的基础上发展,不像西方。而且中国纹样很大方,适可而止,什么都是这样。比方我们画卷草纹,卷草在南北朝、唐代都特别流行,在古罗马也用卷草纹,可西方的卷草纹卷起来好多圈,我们是卷一圈就完了,适可而止,这个代表了民族性格。中国人比较朴实、庄重、浑厚,比较温柔,这是中国人的性格。这种性格形成不同的艺术形式,就是不同的风格。

文化都是要互相影响的。外国受中国的影响,中国唐代的纹样对西方影响非常大。中国唐代主要是卷草、唐草纹,西方的文艺复兴主要是学中国唐代的卷草纹,影响非常大。那么中国也受西方的影响,唐草纹的来历,开始的时候就是希腊、罗马那边的东西,我们吸收过来。当然吸收也不是原封不动照抄,中国做的卷草和西方做的卷草就不一样。中国影响西方也是一样,但是主要的比方像文艺复兴,就是受唐代的装饰纹样的影响比较明显一些,它们是互相影响的。

十
结语

我一辈子写的书是不少，有三十来本书，因为路子还是不广，内容只有几个方面。一个是装饰纹样方面，比较集中，就出了几部大的书，另外几本小的，那是很小的。装饰纹样我觉得是七千年来没有间断，而且非常丰富，所以这一块，我觉得是我自己抓的一个重点。

第二类就是丝绸，过去拍丝绸之路的电影也不少，拍的都是人，没人拍丝绸之路的主体丝绸。后来我收集了从丝绸之路遗留下来的古代丝绸，非常丰富，全世界像这样丰富的、可以把古代东西保留下来的只有三个地方，一个是中国新疆，一个是印度，还有一个是南美洲厄瓜多尔。这三个地方气候条件把古代的纺织品能保留下来。丝绸对全世界影响、对人类影响都非常非常深刻，而且它的技术一直发展下来没间断过，所以人家说中国是丝绸之国。这样我就把丝绸当作重点，一直在研究这个，没有放弃过。这方面出了一些书，出了一本书之后，或者说当时没有彩色的图片，或者说当时的资料不完全，过一个阶段又把它升级。比方原来是黑白的，把它升级为彩色的；因为资料不全，补充后才比较全，现在补充全了。这样不断提升，出了丝绸方面的书。到最后就是《中国丝绸科技艺术七千年》，是总结性的。

丝绸主要的用途是服装，因为丝绸跟服装关系非常密切，这样我又把服装作为总结性的著作，最后写了一部书叫作《服饰中华——中华服饰七千年》。我是学绘画的，画画很自由，也很高兴。但是写书写出来以后，到哪里去出版，是冒风险的。尤其这种大型的书，销路又不广，不像写小说，能卖几万本，这个看的人很少。所以我想，不管怎么样，现在没人做这个工作，我把这个工作做完，也把原来沈先生嘱咐的事情完成，他没做完的事我继续做下来，这样出了最后《服饰中华》这部书。原来有好多家出版社要出这本书的，后来清华大学出版社听到这本书别的出版社要拿去出，连忙来抢，把稿子也抢走了。但是清华大学出版社都是科技方面的，从来没出过这样艺术方面大型的书，出起来比较困难，所以书稿在清华大学出版社待了好几年。出来以后，价钱卖得非常贵，2980元，将近3000

元。那谁买得起啊，靠工资吃饭的人都买不起！所以在网站上，有些年轻人就说："我真想买这部书，但是没钱，买不起，真是天价，买不起。"都哭了，太感动人了！后来我跟清华大学出版社商量，他们同意出一个精编本，把四本最精华部分集中在一本上，卖480元钱。这样我也非常感谢他们。

现在我都90岁了，记性也不好了，耳朵也聋了，手也哆嗦了，现在感到一生做得也很少，没能力再做下去，只好画点画，消磨时间。

我觉得像国家图书馆能够把这样一个科目列为中国记忆项目的专题，不是对某一个人的问题。因为中国是丝绸之国，像丝绸、漆器、茶叶，这都是我们历史上最光彩的、对人类贡献最大的项目。国家图书馆中国记忆项目能够把这几个专题都抓起来，我非常感谢，希望能够把这个专题做好。

2014年，给外宾讲解中国古代丝绸

附录：衣冠古国之服饰神韵

黄能馥

中国服装发源于旧石器时代晚期。新石器时代已有衣冠鞋履和丰盛的首饰佩饰，原始的龙图腾崇拜已在服装上得到反映。夏朝服饰已出现象征王权的十二章纹。周代已有完善的官服制度。战国赵武灵王为强化军队而实行"胡服骑射"。东汉明帝制定官服制度，儒家服饰理论从此在全国全面贯彻执行。南北朝汉服与胡服交流，对隋唐服饰文化的发展起重大促进作用。宋明理学使中国服饰文化趋向保守。明清"江南三织造"使宫廷服饰技艺达历史的顶峰。

服装界喜欢用"中国是衣冠王国"或"中国是衣冠古国"的词句，来形容中国服装历史的悠久和辉煌，但在古代中国的衣冠中，王的衣冠不是最高贵的衣冠，《尚书·益稷篇》记载帝尧授意帝舜穿"十二章"的冕服为祭告天地祖宗的礼服。"十二章"就是上衣画日、月、星辰、山、龙、华虫（雉鸡），下裳绣宗彝（杯纹）、藻（水草）、火、粉米、黼（斧形）、黻等十二种装饰纹样，以象征普及天地的帝德和至高无上的帝威。按章服制度只有国家的最高统治者——帝才能穿十二章的冕服，而王只能穿九章的冕服。因此，有人说把中国称为"衣冠王国"是降了一等。把中国称为"衣冠古国"，是表示中国服装史始于发明文字以前，因为当时没有文字，只好口口相传，后来的人造字以十口为古，这倒符合历史事实。

中国服装最早古到什么时间？根据考古科学的发现，在辽宁海城小孤山曾出土距今45000年前的数枚骨针，在北京房山周口店山顶洞曾出土距今18000年前的一枚骨针和经过穿孔的兽牙、贝壳、骨管、鸵鸟蛋壳、石珠等连串的串饰，这些饰品的穿孔还曾用赤铁矿的粉末涂染过，由此可见，当隆冬季节，骨针也可用来缝制兽皮的衣服。到新石器时代的早期，我们的祖先开始农耕畜牧，营造房屋，男子出外狩猎，打制石器，琢玉；女子从事采集、制陶、发明纺麻、养蚕制丝，纺织毛、麻、丝布，缝制衣服。在西安半坡遗址出土距今7000年前的陶器中，发现有10余件留有麻布或编织物的印痕，包括平纹、斜纹、绞织法、绕环编织法等痕迹。江苏吴县草鞋山出土的距今5400年前织有回纹和条纹暗花的葛机布，河南荥阳青台村仰韶文化遗址发现距今5500年以前的蚕丝绢和浅绛色罗，新疆和青海新石器遗址则出土过彩条纹罽（毛布）。有了这些纺织品之后，人们就可以缝制适合人体活动的衣服了。由于纺织品是由动植物纤维构成的，年长日久，它们就会自然消灭，因此新石器时代的服装不能保存到现在，然而从新石器时期的彩陶绘画、雕塑及那时的崖画人物形象中，却使我们直观地看到了新石器时期中华祖先的衣冠鞋履等形象，而新石器时期丰盛华美的首饰佩饰，如距今5500余年的红山文化大型玉龙和形象鲜活的玉鳖、玉龟；距今4500—4000年的龙山文化透雕蟠璃玉簪饰、透雕高岭玉凤和玉龙纹饰；距今5300—4200年良渚文化的礼器玉琮、玉璧、首饰佩饰器玉镯、玉串饰、玉项链等等，其思想内涵的深厚、艺术形式的丰富、工艺制作的精巧，着实使人惊叹！

服饰是人类源于护体御寒等生理需求的物质产品，又是反映人们审美要求和生活理念的精神载体，在新石器时代早期，中国服饰文化的内涵主要反映为原始社会的巫术崇拜；龙图腾的崇拜是中国原始社会的普遍现象。在距今8000年以前人们就用红褐色石块摆塑长约19.7米的巨龙作为居址的保护神，该巨龙发现于辽宁省阜新市查海村。新石器时代龙纹在彩陶纹样、玉器雕琢中经常出现，还有人用纹身的方法打扮成龙子的样子。当人们创造了衣服之后，纹身的花纹被衣服遮盖了，就渐渐转移到衣服上面来，甘肃临洮曾出土一件头顶上爬着一条长蛇、衣服上画有蛇形纹的彩陶器皿，应该是龙文化在服饰上的反映。

公元前约22至21世纪初，夏朝政权由禅让制过渡到王权世袭制，中国传统服饰文化就由原始巫术崇拜过渡到以政治伦理为基础的王权象征，出现了以帝德和帝威为核心的章服。由夏商至周代，维系阶级统治的章服制度更趋完备，儒家创始人孔子对此十分赞赏，他说："周监于二代，郁郁乎文哉，吾从周。"儒家宣扬"道协人天"的思想，把服饰看作礼制的重要内容，即"分贵贱、别等威"的工具。

公元前770年周平王受犬戎威胁，由镐京迁都洛邑，历史进入春秋时期。当时由于铁工具使用，诸侯各国纷纷开荒拓地发展生产，脱离对周天子的依赖，以周天子为中心的礼治走向崩溃。在服饰文化方面的反映，首先是改变了高级丝绸服装用料的分配，原先高级丝绸服装用料如缣、绮、锦、绣之类，为"人君侯妃之服"，商人是不能穿用的，春秋战国时齐鲁等地农业和纺织原料、染料及纺织手工业迅速发展，产品流通领域不断扩大，这些地区有些富商巨贾，财富可比"千户侯"。孔子的弟子子贡，束帛之币以聘享诸侯，所至国君无不与之分庭抗礼。他们食必粱肉，衣必纹绣。其次，按周代传统观念，色彩有正色和间色之分，青赤黄黑白为正色，象征高贵，可作礼服；绀、红（浅赤）、缥（浅青）、紫、骝黄为间色，象征卑贱，只能作便服、内衣、衣服衬里及妇女和平民的衣服。春秋时齐桓公（公元前685年至前643年在位）却喜欢穿紫袍，影响所及，紫色在齐国大为流行。《史记·苏代遗燕主书》："齐紫，败素也，而价十倍。"其三，服装配套结构的变化，周代传统服装为上衣下裳配套，裤为不加连裆的"袴"，这种服装不能适应战争骑射的需要。公元前302年，赵武灵王决定建立骑兵征讨东胡和娄烦的侵扰，就吸收胡服的配套结构，让骑兵改穿两裆缝合的满裆裤"裈"，从而提高了军队的战斗力，史称"赵武灵王胡服骑射"。

春秋战国五霸独立、七国争雄，服饰文化方面律令异法，衣冠异制。公元前221年，秦始皇统一中国，他相信阴阳五行学说，认为黄帝时以土气胜，崇尚黄；夏朝是木德，崇尚青；殷朝是金德，崇尚白；周文以火胜金，色尚赤；秦以水德统一天下，色尚黑。以六数为各种制度的基数，如冠高六寸等。但秦始皇于公元前210年便在出巡途中病死，没有制定官服制度。公元前202年，刘邦称帝建立汉朝，对服装礼仪没有重视，到汉文帝时，经济发展，京都贵戚，服饰奢靡，儒家贾谊建议在儒学思想基础上建立衣冠制度，但未实行。公元前104年，汉武帝决定改正朔，易服色，表示受命于天，改当时的元封七年为太初元年，服色尚黄。到公元59年东汉明帝永平二年，下诏采用《周官》《礼记》《尚书·皋陶篇》，乘舆服采欧阳氏说，公卿以下服采大小夏侯氏说，制定了以儒家服饰理论为依据的官服制度，自皇帝到公卿百官的祭服、朝服，如冠冕、衣裳、鞋履、佩绶等，各有等序。从此儒家衣冠学说就在中国历代官服制度中贯彻实行了两千年，对中国服饰文化产生了不可动摇的影响。儒家服饰思想的理念，把服饰的物质实用功利观念与人的精神道德观念相联系，达到教化的目的。具体的方法是用比德教化、象法天地，把服装的形制、款式、色彩、纹饰、佩饰赋予与天地运行、气象变化相和谐的精神内涵，如帝皇冕冠以十二旒，每旒贯十二块彩玉按朱、白、苍、黄、玄的顺序排列，象征五行生克及岁月运转，一般的深衣上衣与下裳是连在一起的，裁制时却分开来裁，下裳6幅，每幅交解为2，裁成12幅以应每年有12个月等等。

汉代官服以冠和组绶区分等级地位，朝服为深衣制即袍，袍袖由大袖身（袂）和窄袖口（祛）组成，袖下身呈现琵琶状，称为"胡状"。衣裾有直裾和曲裾两种，曲裾袍襟右侧长出一块60度的柱角，穿时折往右侧腋后，这是战国时流行的传统形式，缝制费工费神，到东汉后就不流行了。一般都穿右衽直裾袍。

公元4—6世纪，中国处于战乱的南北朝时期，战争和民族迁徙促使胡汉杂居，南北交流，北方游牧民族和西域的服饰文化与汉服服饰相互碰撞，结构宽博、端庄华美的汉装，对游牧民族统治者有极大的吸引力，如北魏孝文帝在太和十年（公元486年）穿衮冕，太和十八年（公元494年）改鲜卑族衣冠制度，史称"魏孝文帝衣冠改制"。而原于骑射生活便于劳动的胡服如裤褶、裲裆、半袖衫等就在中原民间流传，不久就对汉族官服产生了影响，例如唐代官府中的缺胯袍、裲裆、半臂、拘衣、大口裤等，就是吸收了西北外来胡服的某些成分而创制的新式服装，缺胯袍和模糊幞头、革带、长靿靴配套，成为中国官服常服的典型式样，一直影响到明代。唐初胡服对女装的影响更加明显，这从敦煌莫高窟唐代壁画和陕西乾县唐永泰公主李仙蕙、懿德太子李重润、章怀太子李贤等墓室壁画所画的侍女及乐舞妓服装，如露胸式半臂、翻领袍衫、条纹裤、碟蹀带、浑脱帽等等衣装，使唐代服饰文化大放异彩。

宋明时期中国封建社会已进入衰败期，宋明理学以封建伦理纲常强化对人民的思想统治，在服饰领域提倡"恢尧舜之典，总夏商之礼"，"仿虞周汉唐之旧"的保守主义思想，统治者的冠冕衣裳，极致豪奢。压迫妇女缠足的陋习，在汉族民间普遍推广。

元代蒙古统治者用织金锦"纳石矢"制作衣服和帐篷，禁止民间穿用大龙纹样的衣服。民间则多穿棉布衣裳。

明代官服在衣袍胸背部位饰补子，文官用鸟纹，武官用兽纹，以标识官员职位高低，袍服与乌纱帽、腰带、粉底靴配套，气宇不凡，即著名的品服。清代废止了汉族传统的冕服制度，采用女真族传统带有马蹄袖和披领形式的袍服为朝服，但仍采用明朝的补子区别官位高低。

明清两代在江南设"三织造"，专为朝廷制作"上用"和"宫用"的丝绸及服装，服装式样和花式由内务府设计并审准后，发往南京、苏州制作，一件龙袍动辄用四五百工，化银数百两，豪华绝伦，精美无比，它们出自能工巧匠之手，是中华劳动人民智慧的结晶。

漫漫的历史长河造就了中国这样一个"衣冠古国"，给我们留下了一笔极其丰厚、极其宝贵的文化遗产。尽管人们也许已经把中国古代的一些服装传统遗忘了，但是我们从考古发掘的遗址或古代壁画、造像中，仍可发现许多年代久远却依然富丽堂皇、飘逸潇洒的古代服饰。无论是它们的款式、色彩，还是气度和风韵，无不体现出中国文化的博大精深和源远流长。

（原载《中国博物馆》，2006年第4期）

黄能馥年谱

1924 年

2月6日（农历甲子年正月初二），出生于浙江省义乌县稠城镇，原名黄能福。

1930 年

就读于义乌县武林小学。

1936 年

小学毕业。

1937 年

辍学在家，放牛，跟老秀才学习记账半年。

1938 年

就读于义乌县立初级中学。半工半读，上午上学，下午干农活。

1942 年

在义乌县立中学肄业后，进入新群高中学习土地测量，历时半年。

1943 年

进入浙江省测量队工作，辗转于宣平、龙泉、丽水、瑞安、建德、淳安、龙游等地。

1947 年

随浙江省测量总队队长来到杭州，业余时间在蔡子民（蔡元培）艺术研究所学习素描。

1949 年

被母校义乌县立初中聘为语文教员。

1950 年

考入杭州国立艺专（是年 11 月更名为中央美术学院华东分院）图案系，开始使用姓名黄能馥。

1952 年

到安徽农村参加土改半年。

1953 年

年初，因全国院系调整，转入北京的中央美术学院工艺美术系学习。7 月，本科毕业，攻读研究生，导师为柴扉教授。读研期间，开始跟随沈从文先生学习中国丝绸史。

任中央美术学院工艺美术研究室秘书、全国第一届民间美术展览会会场管理组副组长、少数民族馆馆长。该展览于 1953 年 12 月至 1954 年 1 月在北京劳动人民文化宫展出。

1955 年

研究生毕业，留在中央美术学院任助教。

1956 年

中央工艺美术学院成立，调入学院任助教。

担任学院举办的全国丝绸艺人创作研究班班主任。

在工作中，结识沈从文先生的另一位弟子、后来成为其妻子的陈娟娟女士。

1957 年

年初，带学生赴杭州、上海、苏州实习，为期半年。实习结束，在上海学习丝绸印染。反右运动开始，回到北京，在海淀区温泉乡白家疃村劳动一年。

1958 年

为染织系一年级学生讲授"临摹"课，共 15 周，75 小时。

与染织系温练昌、常沙娜、李绵璐、朱宏修、程工等老师一起参与了国庆十周年北京"十大建筑"的装饰设计工作，包括人民大会堂主席台、北京厅、钓鱼台国宾馆的地毯设计以及人民大会堂的丝织窗帘、锦罗绒沙发面料的设计工作。

带学生到一家丝绸布厂，参加"大跃进"运动。

1959 年

与陈娟娟女士结为伉俪，开始了他们在学术上相互协作、生活上相互扶持，同舟共济、相濡以沫的人生历程。

暑假，学院组织各专业教师深入生活采风。与常沙娜、李绵璐到敦煌莫高窟，临摹历代壁画、彩塑人物服饰上的图案，共整理出彩图 328 幅。常沙娜父亲常书鸿亲自接待、安排。这些临摹作品还在学院展出观摩。

《谈谈苏、杭织锦缎图案的设计》一文发表于《装饰》1959 年第 4 期。

1960 年

《云锦图案的装饰》一文发表于《装饰》1960 年第 3 期。

为染织系三年级学生讲授"纹样"课程。在张仃带领下，与李绵璐、梁任生赴云南采风，到达昆明、西双版纳、丽江、大理等地。

1961 年

任文化部高等艺术学院统一教材编选组成员兼秘书。

成为中国美术家协会会员。

为染织系三年级学生讲授"纹样"课程，共两周，44 学时。

《风格的继承和创新》一文发表于《装饰》1961 年第 3 期。（与

兰石、顾方松合著）

儿子黄钢出生。

1962 年

编著《中国印染史话》（中国历史小丛书），由中华书局出版。

与李绵璐合作编写《中国染织纹样简史》，1964 年出版。

为染织系三年级学生讲授"纹样"课程。

1963 年

与陈娟娟合作编著《丝绸史话》（中国历史小丛书），由中华书局出版。

为染织系三年级学生讲授"纹样"课程。

与程尚仁、袁杰英、李绵璐一起为染织系四年级学生讲授"染织设计"课程。

1964 年

到北京昌平、江苏昆山等地参加"四清"运动。

1966 年

3 月，为染织系三年级学生讲授"（织花）专业设计"课程。

5 月，由于"文化大革命"而停止了正常的教学工作。

1970 年

5 月，随中央工艺美术学院师生到河北省获鹿县 1594 部队农场参加劳动。

1972—1973 年

国家文物局抽调中央工艺美术学院的一批教师参加"中华人民共和国出土文物展览"的文物临摹、复制及设计工作，黄能馥参加了其中出土织物的分析工作。在不到一年的时间里，他们以湖南长沙马王堆出土文物为复制重点，为展览完成了 51 件高质量的文物临摹复制品。此次展览是 1949 年以后首次以国家名义组织的出国文物展。

从农场回到北京，到北海公园从事美术工作。

1973—1974 年

在中国社会科学院考古研究所内部阅览室看书，为期一年左右。

1974—1975 年

参加"批林批孔"运动，到北京玉器厂，并在北京师范大学教师阅览室看书，为期一年左右。

1977 年

中央工艺美术学院逐步恢复教学工作，取得讲师职称。

1978 年

12 月，为全国艺术院校助教进修班讲授"传统染织图案临摹与分析"课程。

1979 年

9 月至 10 月，为染织系 1979 级学生讲授"写生变化及二方连续"以及"传统印染"课程。

1980 年

6 月，参加中央工艺美术学院院刊《装饰》杂志复刊工作，任编辑。

参加《中国百科全书·文物卷》《当代中国的工艺美术》《北京风物志》等书的编写工作。

与陈娟娟合作编著的《丝绸史话》由中华书局再版。

7 月，为染织系 1979 级学生讲授"基础图案工艺制作""花头、叶子写生变化"以及"适合纹样"课程。

9 月至 10 月，为染织系 1977 级、1978 级学生分别讲授"染织纹样史"课程。

1981 年

成为中国工艺美术家协会会员、中国工艺美术馆顾问、中国云锦协会顾问。

10月，主持编辑学术刊物《工艺美术论丛》第一辑的出版工作（至1982年共出版三辑，由人民美术出版社出版）。

为1978级、1979级学生讲授"丝绸织花设计""蜡染设计"等课程。

对外文化联络委员会筹备赴美国、加拿大举办中国古代传统技术展览，聘请黄能馥为纺织方面的专题顾问。

1982年

2月，为染织系1980级学生讲授"染织纹样史"。

《蜡染方便裙》一文发表于《装饰》1982年第1期。

受《中国美术全集》编委会聘任，黄能馥担任《中国美术全集·工艺美术编·印染织绣》上、下集主编，两书分别于1985年12月和1987年9月由文物出版社出版中文版，后又出版英文版与日文版。《中国美术全集》（共60集）出齐后，于1991年在首届中国优秀美术图书评比中获"特别金奖"；1993年又在首届国家图书奖评比中获"最高荣誉奖"。

为1978级、1979级学生讲授"丝绸织花设计""蜡染设计"等课程。

开始担任中国流行色协会学术顾问、专家委员会委员。

与陈娟娟一起参加北京定陵博物馆出土文物定级和复制工作，直到1984年结束。

1983年

3月，为染织系1981级学生讲授"染织纹样史"课程。

9月，为染织系1980级学生讲授"丝绸织花设计"课程，带学生到杭州胜利丝织厂与图案设计人员一起做设计。

任国家科委、中国科技馆赴加拿大"中国古代传统科技展览会"纺织科技顾问。

与常任侠等五人应中日友好协会邀请合作编写《中国美术史讲

义》，由日方翻译，并由日本淡交社在日本京都出版，撰写其中《中国青铜器》部分。

论文《谈龙说凤》发表于《故宫博物院院刊》1983年第3期。

与陈娟娟合著《丝绸史话》被编入《古代经济专题史话》(中国历史小丛书合订本)，由中华书局出版，并于1984年获"优秀爱国主义通俗历史读物奖"。

1984年

编著《中国动物图案》，由湖南美术出版社出版。

6至7月，为染织系1981级学生讲授"手工印染"课程。

10至11月，为染织系1980级学生讲授"丝绸印花"，与教师田青一起带学生下工厂实践。

1985年

《一种优美的夏季时装——统身长裙》一文发表于《装饰》1985年第2期。

《龙——中国文化的象征》一文发表于《今日中国》1985年第2期。

4月，为染织系1983级学生讲授"染织纹样史"课程。

12月，为染织系1984级学生讲授"传统地毯图案"课程。

晋升为副教授。

1986年

编绘《历代动物纹样》《龙凤图集》，均由天津杨柳青画社出版。

《中国艺毯》一文发表于《装饰》1986年第2期。

《〈中国历代家具〉即将出版》一文发表于《装饰》1986年第4期。

6月，为染织系1984级学生讲授"染织纹样史"课程。

10月，常沙娜编著的《敦煌历代服饰图案》由香港万里书店有限公司和轻工业出版社合作出版。书中收录黄能馥与常沙娜、李绵璐于 1959 年在敦煌临摹绘制的作品 300 余幅。

1987 年

任中国丝绸博物馆筹建处顾问。

赴新加坡参加中国丝绸展览。

与陈娟娟合作编著《中国龙纹图集》，由香港万里书店有限公司和轻工业出版社联合在香港出版。

担任中央工艺美术学院《工艺美术辞典》编委会编委，主编《基础图案》《染织》《服装》三章，该书于 1988 年由黑龙江人民出版社出版。

《苏绣艺术述评》一文发表于《装饰》1987 年第 4 期。

晋升为教授。

1988 年

1 月，为染织系 1987 级学生讲授"手工印染"课程，为织绣班讲授"传统图案"课程；同时为史论系 1985 级学生讲授"中国染织史"课程。

在中央工艺美术学院退休。

任中国书画函授大学副校长兼实用美术部主任，并负责相关教材的编写与出版工作。

论文《龙年说龙》发表于《文化交流》1988 年第 1 期。

一度参加中国服饰博物馆筹建工作，由中国服装研究设计中心负责筹办，后因故未成。

1989 年

论文《流行色彩论》发表于《装饰》1989 年第 3 期。

1990 年

论文《新加坡的衣文化》发表于《装饰》1990 年第 2 期。

1991 年

与黄钢合作编著《装饰造型基础》，由神州出版社出版。

1992 年

任纺织工业部服饰博物馆总顾问。

编著《色彩学基础》，由中国书画函授大学出版。

1993 年

撰写论文《中华龙文化综述》，为《中国龙文化景观》作序，由中国旅游出版社出版。

1994 年

任北京现代实用美术学院名誉院长。

与陈娟娟合作编著的《中华服饰艺术源流》由高等教育出版社出版，胡乔木为此书题写书名并写信致贺。

1995 年

与陈娟娟合作编著《中国服装史》，由中国旅游出版社出版。

与陈娟娟合作编著的《中国历代装饰纹样大典》由中国旅游出版社出版。

1997 年

与陈娟娟合作编著的《中国服装史》在全国第二届服装书刊展评会上获最佳书刊奖。

1998 年

与陈娟娟合著的《中华文化通志·服饰志》，由上海人民出版社出版。

与陈娟娟、钟漫天合著的《中国服饰史》，由文化艺术出版社出版。

《中华文化通志》（101 卷）于 1999 年获全国第四届国家图书奖。

论文《龙袍探源》发表于《故宫博物院院刊》1998 年第 4 期。

1999 年

与陈娟娟合作编著两本书。其中《中国历代装饰纹样》由中国旅游出版社出版，此书于 2002 年获清华大学优秀教材奖；另一部为《中华历代服饰艺术》，由中国旅游出版社出版，此书于 2000

年获第十二届中国图书奖。

2000 年

与陈娟娟合作编著《中国传统艺术·龙纹装饰》，由中国轻工业出版社出版。

出任《中国艺术百科辞典》副总主编及服饰卷主编，冯其庸任总主编，该书 2004 年由商务印书馆出版。

2001 年

常涉娜编著的《敦煌历代服饰图案》再版，更名为《中国敦煌历代服饰图案》(精装版)，由中国轻工业出版社出版。

2002 年

与陈娟娟合作的一部重要著作《中国丝绸科技艺术七千年》，由中国纺织出版社出版。

与李当岐、臧迎春、孙崎合作编著的《中外服装史》，由湖北美术出版社出版。

书评《致广大　尽精微》发表于《中国图书商报》2002 年 4 月 4 日。

2003 年

2 月 8 日，夫人陈娟娟因病辞世。

9 月，出席南京云锦保护国际学术研讨会。

主编《中国南京云锦》，由南京出版社出版。

与陈娟娟合作编著的《中国丝绸科技艺术七千年》，获第十一届全国优秀科技图书一等奖及全国第六届国家图书奖。

2004 年

受聘为上海美特斯邦威民族服饰博物馆高级顾问。

与陈娟娟合作编著的《中国服饰史》，由上海人民出版社出版。

2005 年

主编《中国南京云锦》一书，获第十四届中国图书奖。

《怀念恩师沈从文》一文，发表于《中国社会科学院院报》2005年4月19日。

2006年

3月，应邀参加由上海市人民政府主办，东华大学、中国服装设计师协会、国际服装教育基金会、上海市长宁区人民政府联合承办的2006年上海国际服装文化节国际服装论坛暨"长宁·东华时尚周"系列活动。

与陈娟娟合作编著的《中国龙袍》一书，由紫禁城出版社与漓江出版社联合出版。

主编《中国成都蜀锦》一书，由紫禁城出版社出版。

《衣冠古国之服饰神韵》一文，发表于《中国博物馆》2006年第4期。

2007年

编著《中国服饰通史》，由中国纺织出版社出版，获中国纺织总会2007年优秀图书奖。

《黎族衣裳图腾》一文，见蔡于良编著《黎族织贝珍品——衣裳艺术图腾百图集》，海南出版社2007年版。

2008年

任国家文物局"指南计划"织绣组专家评审组组长。

论文《复原三星堆青铜立人龙纹礼衣的研发报告》，发表于《装饰》2008年第1期。

《淡如清水，亲如家人——回忆20世纪50年代初的师生情谊》一文，发表于《装饰》2008年第5期。

10月，获中国美术家协会授予的"卓有成就的美术史论家"奖。

《中国龙文化》一文，发表于中国美术家协会主编的《卓有成就的美术史家论文集》，由山东美术出版社出版。

2009 年

4 月，由中国民族文艺家协会推选为"共和国 60 年功勋文艺家"。

5 月，受聘为苏州大学兼职教授。

与乔巧玲合著的《衣冠天下——中国服装图史》，由中华书局出版。

论文《中国南京云锦与红楼梦作者曹氏世家》，发表于《红楼梦学刊》2009 年第 3 期。

2010 年

与苏婷婷合著的《珠翠光华——中国首饰图史》，由中华书局出版。

《追思最亲密的同学和战友李绵璐》一文，发表于《装饰》2010 年第 11 期。

2011 年

与陈娟娟、黄钢共同编著的《服饰中华——中华服饰艺术七千年》四卷本，由清华大学出版社出版。

2012 年

与陈娟娟分别撰写部分章节的《中国丝绸艺术》（中国文化与文明丛书，赵丰、屈志仁主编），由中国外文出版社与美国耶鲁大学出版社联合出版。

9 月 15 日至 11 月 20 日，"沙鸣花开——敦煌历代服饰图案临摹原稿展"在杭州中国丝绸博物馆展出，其中大部分作品是黄能馥与常沙娜、李绵璐于 1959 年完成于敦煌。这些作品（共 400 幅，包括敦煌服饰和装饰纹样原稿）全部捐献给中国丝绸博物馆。

编著《黄能馥绘画六十二年》，由江西美术出版社出版。

2013 年

与陈娟娟、黄钢共同编著的《服饰中华——中华服饰艺术七千年》（精编本），由清华大学出版社出版。

12月30日，参加在国家图书馆举办的"丝绸的记忆——中国蚕丝织绣暨国家级非物质文化遗产项目特展"。

2014年

4—7月，接受国家图书馆中国记忆项目中心口述史采访。

2016年

3月14日，在北京病逝。

编 后 记

黄能馥先生的口述史稿，我是在对他的采访结束一段时间以后才接手的。口述史采访和第一稿整理是由当时在国家图书馆中国记忆项目中心工作的张倩彬完成的。在这之前，我没有太多过问，因为我想可以在书稿比较成熟时再来审阅。

对黄老的第一次口述史采访，是在2014年4月17日，在他的家中进行的。张倩彬担任采访人，她和中心的赵亮、刘东亮等同事组成了专门的拍摄与后期制作团队。张倩彬具有相关专业背景，是一个比较理想的采访人，整个采访过程中，她也表现出了自己的专业优势以及敬业精神。

采访一共进行了7次，到2014年7月4日结束，后来我们又对黄老进行了几次补访。后由于张倩彬工作调动，无法继续进行后期文稿整理等工作，故由我接手。

应该说，黄老不仅是我们的受访人、口述者，同时他又是对书稿有过深度参与的整理者。在漫长的整理过程中，黄老对于书稿的整体构架发挥了很重要的作用，还在许多细节问题上都进行了认真的核实与考订。所以，这部书稿能够达到现在的水平，黄老的确是功莫大焉。

我正式接手书稿整理工作时，应该说，书稿的大体结构已经形成。其中，黄老本人与张倩彬已经做了许多工作。我对文中提到的人名、地名、专有名词做了比较详细的注释，核实了个别历史事实，对于可能引起争议的若干地方进行了技术性处理，对肇文兵所编《黄能馥文集》一书中的黄老"年表"进行了修订，同时从黄老发表的学术论文中，挑选了我认为较能代表其学术水平的文章《衣冠古国之服饰神韵》一文，附于书末。

黄老的儿子、画家黄钢先生挑选了许多家中珍藏的照片，为这部书稿配图，为此书增色不少。

感谢黄钢先生，同时也感谢为此书做了许多工作的中国记忆项目中心同事，当然还有商务印书馆认真负责、水平一流的编辑团队！

现在想来，我从整理黄老一书中所得到的收获，主要的恐怕不是将要呈现在读者面前的一部图书，也不是从这部书稿中学到了多少丝绸、服饰、纹样方面的专业知识，而是从黄老的口述中、从他的生活经历中，我感受到一种崇高的人格力量！

是的，从黄老的身上，无论是听他的访问录音，还是阅读文稿，我能深切地感受到一位老学者的家国情怀。他们这一代人，经历过疾风暴雨式的政治风云与社会变革，人生的道路可以说跌宕起伏、历尽磨难，但是，他们始终保持乐观向上、奋力有为的进取精神，实为不易！黄老就是一个很好的例子。在这里，我想引用一下黄老所讲当年写作《中国服装史》时的具体情景：

> 这部书我们写的时候，当时房子两室一厅，一间房子我跟我爱人住，一间房子儿子住，一间客厅，厅是很小的。因为我爱人身体不好，老在家里，当时来采访的人特别多，白天基本上客厅是要给她留着用的。我白天，一方面，比方给她买药、做饭、洗衣服，就没时间写作。晚上等他们都睡着了以后，我不敢打搅他们，我就在晾台上写。这个晾台当时是露天的，很小的一个晾台，我们住在三楼，我拉出去一盏电灯，在那晾台上写，不打搅他们。夏天特别热的时候，穿一条裤衩，坐在晾台上写。冬天穿着棉衣，冷得不得了，脚都特别冷，就拿棉被垫在底下，因为露天的嘛。每天都写到半夜，这样差不多一年多时间下来，

编 后 记

写完了以后，去体检的时候，血压一下就高上去了。

黄老离开我们已经两年多了。他没有能亲自看到这部书的正式出版，这是我们深以为憾的事情。今天，我们对他最好的告慰，就是把他的精神传承下去，做好我们的本职工作，用我们的力量，把学者们的思想、记忆记录下来，为国家、为后代保存下去。

国家图书馆中国记忆项目中心

全根先